EXPLICATION DE LA GARDE-NOBLE ROYALLE EN NORMANDIE, DE SES AVANTAGES ET PREROGATIVES.

A ROUEN,
Chez JACQUES DU MESNIL,
Imprimeur-Libraire, dans la Court du Palais.

M. DC. XCI.

AVEC PRIVILEGE DV ROY.

A MONSEIGNEUR LE CHANCELIER.

ONSEIGNEUR,

La differente maniere, dont la Coustume de Normandie a

esté expliquée, sur le fait de la Garde-Noble Royalle, m'ayant fait naistre l'envie d'en éclaircir les droits, & d'en connoistre les avantages : J'ay crû, **MONSEIGNEUR**, *que cette entreprise n'estoit point indigne de la protection de vostre* **GRANDEUR**; *Car si l'on considere le droit de Garde-Noble Royalle, comme une marque de la Souveraineté du Roy, c'est Vous qui en estes le deffenseur: Si on le regarde comme le lien de l'attachement de la Noblesse de Normandie pour son Souverain, comme il est un effet de l'amour du Souverain pour cette Noblesse, dont la Coustume le* *rend pour ainsi dire le Tuteur ; c'est par Vous ,* MONSEIGNEUR *, que l'un & l'autre subsiste : Veritablement les graces partent du Roy , mais c'est Vous qui leur donnez le caractere qu'elles doivent porter , & sans lequel on ne les peut reconnoistre. Je ne m'étendrai point ici ,* MONSEIGNEUR *, sur vos grandes qualitez , ny sur ce que tout le monde admire en Vous : Vostre merite , & le choix du Roy , dont la Sagesse ne se trompe jamais , Vous ont mis audessus de tous les Eloges : Il ne me reste donc plus* MONSEIGNEUR *, qu'à sup-*

plier vostre GRANDEUR, *de vouloir bien accorder à cet Ouvrage l'honneur de Vostre protection, & à moy la grace de me croire, avec un profond respect,*

MONSEIGNEUR,

De Vôtre GRANDEUR,

Le tres-humble, & le tres-obeyssant Serviteur
DE JORT.

ARTICLES

De la Coûtume de Normandie, concernans la Garde-Noble.

Chapitre de Garde.

CCXIII.

Droit de Gardes.

LEs Enfans mineurs d'ans, apres la mort de leur pere, mere, ou autre leur predecesseur, tombent en la Garde du Seigneur, duquel est tenu par foy & par hommage le Fief Noble à eux échû, soit Fief de

Haubert, ou membre de Haubert, jusques à un huitiéme.

CCXIV.

Combien de sortes de Gardes.

Il y a Garde-Noble Royalle, & Garde-Noble Seigneurialle.

CCXV.

Garde Royalle.

La Garde Royalle, est quand elle échet pour raison du Fief-Noble, tenu nuëment & immediatement de luy, & a le Roy par privilege special, que non seulement il fait les fruicts siens des Fiefs Nobles immediatement tenus de luy, & pour raison desquels on tombe en sa Garde : Mais aussi il y a la Garde, & fait les fruits ſiens de tous les autres Fiefs Nobles, rotures, rentes & revenus tenus d'autres Seigneurs que luy, mediatement ou immediatement : A la charge toutefois de tenir en état les édifices, Manoirs, bois, prez, jardins, étangs & pêcheries, payer les arrerages des rentes Seigneurialles, foncieres & hypotheques, qui échéent pendant la Garde, & de nourrir & entretenir bien & deuëment les enfans ſelon leur qualité, âge, facultez & famille, & ſont ceux auſquels le Roy fait don deſdites Gardes, ſujets auſdites charges, & d'en rendre compte au profit des mineurs.

CCXVI.

Garde-Noble Seigneurialle.

Le Seigneur Feodal a seulement la Garde des Fiefs Nobles qui sont tenus de luy immediatement, & non des autres Fiefs & biens appartenans ausdits mineurs, tenus d'autres Seigneurs, soit en fief ou en roture.

CCXVII.

Ce qui ne tombe en Garde est regy par le Tuteur.

Les biens appartenans à sous-âges, soit en fief ou roture, lesquels ne tombent en Garde, sont regis & gouvernez par leurs Tuteurs, à la charge de leur en rendre compte quand ils seront en âge.

CCXVIII.

Charge de la Garde-Noble Seigneurialle.

Le Seigneur fait les fruicts de la Garde siens, & n'est tenu à la nourriture & entretenement des personnes des sous-âges s'ils ont échéettes ou autres biens roturiers : mais où les tuteurs & parens mettroient tous les heritages & biens desdits sous-âges entre les mains du Seigneur Gardain, en ce cas il est tenu les nourrir & entretenir selon leur qualité & la valeur de leurs biens, contribuer au mariage des filles, conserver le Fief en son integrité, & outre de payer les arrerages des rentes foncieres, hypothecaires, & autres charges réelles.

CCXIX.

La contribution en diversité de Seigneurs.

Et s'il y a plusieurs Seigneurs ayant la Garde-Noble, à cause de divers Fiefs appartenans aus-dits mineurs, ils seront tenus contribuer à la nourriture, entretenement & instruction d'iceux chacun pour sa quote-part de leurs Fiefs, & au marc la livre.

CCXX.

Pourvoy des Tuteurs contre les Seigneurs.

Et où lesdits Seigneurs ne feroient leur debvoir, tant de la nourriture, entretenement, que de l'instruction desdits sous-âges, les tuteurs, ou parens ſe pouront pourvoir en Juſtice, pour les y contraindre.

CCXXI.

Autres charges de la Garde-Noble Seigneurialle.

Le Seigneur ayant la Garde eſt ſujet de tenir en droit état ancien les édifices, Manoirs, bois, prez, les jardins, les étangs, les moulins & pêcheries, & les autres choſes, ſans qu'il puiſſe vendre, ou arracher les bois, ny remuer les maiſons; & s'il fait le contraire, il en doit perdre la Garde, & amender le dommage.

CCXXII.

Arriere-Garde.

Pendant que le mineur d'ans eſt en Garde, ſi ceux qui tiennent Fief Noble de luy, tombent en ſa Garde, la Garde en appartient au Seigneur Gardain dudit mineur, & où ledit mineur ſeroit à la Garde du Roy, il a pareil droit à l'Arriere-Garde que les autres Seigneurs, & non plus : Et toutes-fois & quantes que le mineur ſortira de Garde, il aura délivrance non ſeulement de ſon Fief, mais auſſi du Fief qui eſt en ſa Garde.

CCXXIII.

Mâles quand ſortent de Garde.

La Garde-Noble finit apres que le mineur a vingt ans accomplis : Et s'il eſt en la Garde du Roy, apres vingt-un an accomplis. *Voyez art. ccxxvij. & ccxxix.*

CCXXIV.

Main-levée de la Garde.

Et neantmoins il demeure toûjours en Garde juſqu'à ce qu'il ait obtenu du Roy Lettres-Patentes de main-levée, & icelles fait expedier : Et pour les Gardes des autres Seigneurs, il ſuffit leur ſignifier le paſſé âgé.

CCXXV.

Relief n'est deub par celuy qui sort de Garde.

Celuy qui ſort de Garde ne doit aucun relief de ſon Fief à ſon Seigneur Gardain, d'autant que les fruicts iſſus de la Garde luy doivent être comptez au lieu de relief : Et ſi la Garde étoit au Roy, il n'eſt pareillement deub relief des Fiefs qui ſont tenus des autres Seigneurs, encore qu'ils n'ayent eu la Garde deſdits Fiefs.

CCXXVI.

Droits Seigneuriaux ſont conſervez à celuy qui ſort de Garde.

Ceux qui ſortent de Garde,

ont relief de leurs hommes, & tous autres droits Seigneuriaux qui leur sont deubs, tout ainsi que s'ils n'eussent point été en Garde.

CCXXVII.

Fille quand sort de Garde.

La Garde d'une Fille finit apres l'âge de vingt ans accomplis, ou plûtôt, si elle est mariée par le conseil & licence de son Seigneur.

CCXXVIII.

Mariage de la Fille.

La Fille aussi doit être mariée par le consentement de ses parens & amis, selon ce que la Noblesse de son Lignage & valeur de son Fief le requiert, & au mariage luy doit être rendu le Fief qui a été en garde.

CCXXIX.

Fille étant âgée de vingt ans, encore qu'elle ne soit mariée, sort hors de Garde. *Voyez art. ccxxiij. & ccxxvj.*

CCXXX.

Cas auquel la Fille sortant de Garde, son Fief peut tomber en Garde.

Si Fille étant hors de Garde, se marie à un qui ne soit âgé de vingt ans, son Fief tombe en Garde, tant que l'homme soit âgé.

CCXXXI.

Pourvoy contre le Seigneur qui empéche le mariage.

Si le Seigneur étant requis, contredit le mariage, ou refuse de donner son conseil & licence, il peut être apellé en Justice pour en dire les causes, & apres la permission de Justice la Fille aura délivrance de son Fief : Et si le Seigneur n'est present, il suffira de demander le congé à son Senéchal ou Bailly.

CCXXXII.

Vefve ne retombe en Garde.

Femme mariée ne retombe en Garde, encore que son mary meure avant qu'elle ait atteint l'âge de vingt ans, parce toutesfois qu'elle ne peut contracter de son immeuble sans decret de Justice & consentement de ses parens.

CCXXXIII.

Quand Fille peut estre mariée sans le consentement du Seigneur.

La Fille n'étant en Garde peut être mariée par ses tuteurs & parens, sans qu'ils soient tenus de demander congé ou licence du Seigneur, duquel ses heritages sont tenus.

CCXXXIV.

Fille sortie de Garde ne tire ses puisnées de Garde.

La Fille aînée mariée, ou ayant accomply l'âge de vingt

ans, ne tire pas ſes ſœurs puiſnées hors de Garde, juſques à ce qu'elles ſoient mariées ou pourveuës à l'âge de vingt ans : ſaouf toutesfois à la Fille aînée à demander ſon partage aux tuteurs de ſes ſœurs, qui luy ſera baillé par l'advis des parens : Et en ce cas elle aura délivrance du Fief & heritages étans en ſon lot.

DE LA GARDE-NOBLE ROYALLE, DE SES ADVANTAGES ET PREROGATIVES.

ARTICLE I.

LE droit de Garde-Noble Royalle des Mineurs ayans Fiefs relevans du Roy en Normandie, est un droit qui n'est pas seulement Feodal mais de Souveraineté ; de-là vient qu'il est incessible, & qu'il ne passe ny aux apanagiſtes ny aux engagiſtes des Domaines, & quelque alienation que faſſe Sa Majeſté, par vente ou échange, & pour quelque cauſe que ce ſoit, le droit de Garde-Noble doit être toûjours reſervé au Roy, quand même il auroit été autrement ſtipulé dans le Contract de vente ou échange, quand l'échange ſe feroit de ſouverain à ſouverain; c'eſt-à-dire, que ce qui ſeroit donné au Roy en contr'échange, luy fût donné avec tous les droits de Souveraineté de ce que le Roy donneroit de ſa part en Normandie, avec les mêmes droits de Souveraineté, celuy de Garde-Noble doit être excepté, parce que tels droits de Souveraineté ſont par les Loix du Royaume inalienables, & toûjours de droit exceptez de quelque alienation que ce puiſſe être ; A quoy Messieurs du Parlement & de la Chambre des Comptes de Normandie doivent prendre garde, lors que les Lettres d'apanage, Contracts d'échange, vente ou alienation leur sont presentez pour les enregistrer.

Article II.

Comment tombent les Mineurs en garde, & quand ils en sortent.

LA Coûtume de Normandie, Article 213. dit que les Enfans mineurs, apres le deceds de leur pere, mere ou autre predecesseur, ayans Fief Noble, tombent en la Garde du Seigneur, duquel est tenu le Fief Noble, à eux écheu, soit Fief de Haubert ou membre de Haubert jusques à un huitiéme. Ainsi par ces termes positifs & essentiels, qui doivent être pris à l'étroit sans y apporter de distinction au préjudice du Roy, il faut demeurer d'accord que c'est la mort du pere, mere, ou predecesseur des Mineurs qui donne ouverture à la Garde-Noble Royalle, duquel jour le Roy est en droit de faire les fruits siens des biens du Mineur, qui luy sont de droit dévolus, aux charges de la Coûtume, jusqu'à ce que Sa Majesté ait accordé ses Lettres de sortie de Garde, & qu'elles ayent été enregistrées : Comme il sera cy-apres dit.

ARTICLE III.

De la difference de la Garde-Noble Royalle & de la Garde-Noble Seigneurialle.

LA Garde-Noble Royalle est de Souveraineté & generalle, attirant au Roy par un privilege special tous les biens, immeubles d'une succession de quelque nature & condition qu'ils soient. La Garde-Noble Seigneurialle est feodale, & n'attire au Seigneur Feodal que le Fief qui est relevant de luy, & doit être demandé par un Acte en Justice. Et la Garde-Noble Royalle, aucontraire, est acquise au Roy de plain droit, par la mort du pere, mere ou autre predecesseur, sans aucune formalité de Justice ou envoy en possession.

Article IV.

ENquoy Berault, qui a commenté la Coûtume de Normandie s'est trompé, en parlant dans son Commentaire sur l'Article 215. des Solemnitez, pour mettre le mineur en la garde du Roy, il dit, *qu'apres qu'on a obtenu de luy le don de la Garde, il faut avoir en la Chambre des Comptes Commission narrative de l'écheance de la Garde, qui s'adresse,* dit-il, *au Vicomte ou Bailly où sont les biens assis, & est par icelle mandé informer, apellé le Procureur du Roy & les parens & amis des mineurs; quand & à cause de quoy échet ladite Garde de la valleur & revenu du bien, quels Fiefs il y a, quelles charges, quel nombre d'enfans, de quel aage, quel sexe, s'il y a quelques Patronnages d'Eglise, & ce fait apres, l'information faite & raportée à la Chambre, proceder à la criée & subhastation de ladite Garde sur certain prix & adjudication, par l'advis des Officiers, laquelle information veuë en ladite Chambre, celuy qui a le don du Roy sera preferé à tous autres au prix qu'elle aura été encherie.* Qui ne voit, pour peu qu'il y fasse reflexion, que les solemnitez dont parle Berault, ne sont pas des solemnitez requises pour mettre le mineur en la Garde du Roy, mais pour disposer des fruits de sa Garde à certain prix, ces sortes de formalitez n'étans pas ce qui rend le Roy maître de la chose, mais ce qui l'en instruit ? Et le Seigneur étant de droit en la Garde du Roy, par la mort de son predecesseur, il est bien plûtôt remis en autre Garde par telles solemnitez, qu'il ne commence effectivement à être mis en garde, comme Berault le pretend, qui n'a pas fait reflexion que bien loin que ces solemnitez mettent le mineur en la garde du Roy, apres des Lettres de don; aucontraire, elles désaisissent le Roy des fruits utils de la garde, qui passent en d'autres mains, ces formalitez n'étans requises que pour faire jouyr le donataire du don qui luy est fait par Sa Majesté. Et ce que dit Berault, que celuy à qui le Roy a fait don de la garde, est preferé avant tout autre; ne veut pas dire que le Roy eût besoin des formalitez, dont il parle dans son Commentaire, pour avoir la Garde; puisque le Roy avoit donné avant ces formalitez, & que le donataire est preferé: Mais Berault nous fait seulement connoître que les Gardes-Nobles, nonobstant le don, s'adjugeoient à certain prix au benefice du Roy, & qu'au prix qu'elles étoient adjugées, qui étoit fort modique, il dépendoit du donataire d'une Garde-Noble de l'accepter ou d'y renoncer ; & que si l'adjudicataire n'obtenoit don du prix de l'adjudication, le Receveur du Domaine en faisoit recepte au benefice du Roy ; Et c'est ce qui s'execute encor ensuite des Lettres de Don : Mais le prix de l'adjudication est toûjours si modique, que ce n'est pas veritablement une enchere, mais une legere redevance, dont la Chambre des Comptes charge le donataire, pour reconnoissance du don de sa Majesté. Dont il a été arrêté par un Reglement fait en ladite Chambre des Comptes le 13 Juillet 1655. que nul ne pourroit être déchargé. Et comme l'adjudication & bail à ferme du bien des mineurs, n'eſt pas ce qui fait le droit des mineurs, parceque leur bien étoit à eux avant ladite adjudication, qui n'eſt qu'un moyen de diſpoſer en ſeureté de leur bien, de même l'adjudication d'une Garde-Noble n'a jamais été, ce qui a fait le droit du Roy à la choſe, mais le moyen de diſpoſer des fruits à certaines conditions, comme on fait de tous les biens du Roy; & comme il ſeroit abſurde de dire que l'adjudication des Domaines & Fermes du Roy fait ſon droit, & ſans laquelle il ne pouroit pas jouyr, il eſt auſſi abſurde de vouloir dire, que les formalitez qui s'obſervent pour diſpoſer des biens du mineur tombé en garde, faſſent le droit du Roy, & ſoient requiſes pour établir que le mineur eſt en Garde.

ARTICLE V.

ON a neanmoins prétendu que lors que ces formalitez dont parle Berault ont manqué, le mineur n'est point tombé en Garde, & que si cependant le mineur avoit atteint l'âge de 21 an accomplis, il étoit de droit hors de Garde, sur ce pretexte, faux en cet endroit, que tant que le Seigneur dort le Vassal veille. Pour voir la fausseté de cette maxime, il faut remarquer que par l'Article 213, il est dit que le mineur tombe en Garde, par la mort de ses pere, mere ou autre predecesseur. Que par l'article 223. il est dit, que la Garde-Noble finit apres que le mineur a atteint vingt-un an accomplis, & qu'enfin, l'Article 224. porte, que le mineur demeure neanmoins en Garde jusqu'à ce qu'il ait obtenu Lettres Patentes de main-levée, & icelles fait expedier, c'est-à-dire enregistrer. Il s'ensuit de l'article 213, que le mineur tombe en Garde par la mort de son predecesseur, de l'article 223, qu'il est capable de sortir de Garde à vingt-un an, & de l'article 224, qu'il n'en peut sortir qu'apres avoir obtenu des Lettres de main-levée. Et il faut encore tirer cette consequence, que du moment que le mineur est tombé en Garde le Roy n'a plus de vassal, puis qu'il n'a point d'homme capable de posseder Fief, & de luy en faire les debvoirs. Qu'ainsi l'on ne peut pas appliquer au préjudice du Roy ce raisonnement, que tant que le Seigneur dort le Vassal veille.

ARTICLE VI.

LEs termes de la Coûtume étans trop positifs pour les pouvoir détruire, l'on a soûtenu au préjudice du Roy, qu'il est vray, qu'apres avoir atteint vint & un an il falloit obtenir des Lettres Patentes de main-levée, mais que c'étoit seulement lors que le Roy s'étoit mis en possession des fruits de la Garde, ou qu'il en avoit fait don; parce que la main du Roy doit être levée & les fiefs delivrez par même authorité & avec telle solemnité, qu'elle a été apposée; qu'ainsi si le Roy ne s'étoit mis en possession de la Garde, ou qu'il n'en eût fait don, il n'y avoit point de main-levée à obtenir, & qu'en ce cas l'âge de 21 an suffisoit de droit.

ARTICLE VII.

IL est vray que Berault, en commentant l'article 224, a dit que la main du Roy doit être levée & les Fiefs délivrez par même voye & avec telle authorité qu'elle a été apposée, parce qu'autrement le Receveur du Domaine ne seroit déchargé: Mais outre qu'il ne parle en cet endroit desdites Lettres de main-levée que pour la décharge de la rente que le donataire ou l'adjudicataire de la Garde-Noble doit au Roy, c'est qu'il ne tire pas cette consequence, qu'il ne soit pas necessaire d'obtenir des Lettres de main-levée si le Roy ne s'est mis en possession des fruits de la dite Garde, ou n'en a disposé. Il est encore vray que Berault est d'avis sur ces mots, *tom-*

bent en la Garde du Seigneur. Que si le Roy ou un Seigneur ne demandoit la Garde d'un vassal mineur, & cependant le vassal ait atteint l'âge de majorité, le Seigneur ne pourra demander les fruits de la Garde, écheus depuis le temps de sa minorité ; Car la Garde, dit-il, doit être executée & realisée par le Seigneur qui veut gagner les fruits ; Et tant que le Roy ou le Seigneur est negligent de demander la Garde-Noble, il n'en peut avoir les fruits. Ce sentiment est contraire à l'article de la Coûtume, & Berault s'est trompé, de croire qu'il y eût prescription à l'égard du Roy pour les fruits qui luy sont écheus. Il n'en est pas de même à l'égard de la Garde Noble, Seigneurialle & Feodalle. Le Parlement a jugé à propos d'ordonner, que les Seigneurs particuliers seroient obligez d'en demander les fruits par un Acte en Justice, la Garde-Noble Seigneurialle n'attirant au Seigneur que le Fief qui releve de luy ; Et comme dans une même succession il peut y avoir plusieurs Seigneurs gardains, à cause de differens Fiefs, il étoit du bon ordre que chaque Seigneur fût obligé de reclamer le Fief relevant de luy. Ce qui n'étant pas necessaire à l'égard de la Garde-Noble Royalle, qui attire à elle tous les biens du mineur, de quelques Seigneurs qu'ils relevent, tant en fief qu'en roture. L'article de la Coûtume demeure dans toute sa force à l'égard du Roy.

ARTICLE VIII.

ON a fait depuis peu une objection contre le Roy, fondée sur l'article 32. des Articles Placitez, par Arrêt du Parlement de Roüen, en forme de reglement general, qui porte que la jouyssance de la Garde-Noble, Royalle ou Seigneurialle, ne commence que du jour que celuy qui la pretend en a fait la demande en Justice, ou le donataire presenté les Lettres de don qu'il en a obtenuës, pour être enregistrées, lesquelles Lettres demeurent sans effet, si l'impetrant n'obtient sur icelles un Arrêt d'enregistrement. On a pretendu par cet article prouver que le Roy est obligé de demander à être envoyé en possession de la Garde Noble pour s'en éjouyr:

Mais outre que le Parlement n'auroit pas eu droit d'interpreter ainsi la Coûtume au préjudice du Roy ; c'est qu'aucontraire, cet article justifie le droit du Roy, puis qu'il n'y peut avoir de donataire qu'en suposant le droit du donateur, qui est le Roy, & il est sans difficulté que la negligence du donataire ne peut préjudicier aux droits de Sa Majesté. Ce qui se prouve même de ce que le Parlement dit, que la Jouyssance de la Garde-Noble Royalle ne commence que du jour de l'enregistrement desdites Lettres de don ; car si elle ne commence que du jour de l'enregistrement, comme le Parlement la decidé pour le donataire, il s'ensuit même que depuis l'obtention des Lettres jusques à l'enregistrement, les fruits en appartiennent au Roy.

ARTICLE IX.

ON a encore prétendu, que quand le Roy n'a point jouy ny donné les fruits, & que le mineur eſt devenu majeur il eſt hors de Garde de plain droit, mais cette pretention eſt ſans fondement, puiſque l'article 213 ayant dit que le mineur tomboit en Garde par la mort de ſon predeceſſeur, & l'article 224. portant, qu'il demeure en Garde juſqu'à ce qu'il ait obtenu Lettres du Roy. Il ſuffit d'être tombé en Garde, pour être obligé d'obtenir des Lettres de main-levée & ſortie de Garde, ſans leſquelles on eſt toûjours en garde ; Et il eſt innutil de raiſonner ſur la Coûtume, lors qu'elle s'explique d'elle-même.

ARTICLE X.

Si le Roy, n'ayant pas disposé de la Garde-Noble, on a pû vendre un Fief appartenant au mineur, pour raison duquel il étoit tombé en Garde-Noble, ou autre bien dependant de ladite Garde.

COmme le droit de Garde-Noble ne se prescrit point, depuis qu'il est écheu au Roy par la mort du predecesseur du mineur, il s'ensuit qu'on ne peut en disposer valablement ; ensorte que celuy qui auroit acquis un Fief, dont le proprietaire seroit tombé en la Garde du Roy, sans en avoir été relevé par des Lettres de sortie de Garde, n'auroit pas droit d'en jouyr qu'apres avoir obtenu des Lettres, & icelles fait enregistrer, puis qu'il est conſtant qu'on ne peut être relevé de la Garde écheuë au Roy, que par des Lettres. Si le Roy jouyſſoit de ſon droit dans toute ſon étenduë, il pourroit demander raiſon des fruits; Et s'il y avoit quelques benefices dépendans dudit Fief, cet acquereur n'auroit aucun droit d'y pourvoir, mais bien le Roy, juſqu'à ce que Sa Majeſté eût accordé des Lettres Patentes de main-levée de la Garde qui luy étoit écheuë, de celuy qui à cauſe de ce Fief étoit tombé en ſa Garde, & en conſequence permis à l'acquereur de jouyr de ſon acquiſition, & juſqu'à ce le Roy aura droit de preſenter aux benefices vacquans, même à ceux qui ſeroient remplis, & auſquels Sa Majeſté ſeroit encor dans le temps de droit de pourvoir. Ce qui ſe trouve ainſi jugé par un Arrêt en forme de Reglement, donné en la Chambre des Comptes de Normandie, les Semestres pour ce assemblez le 26 Janvier 1672. sur la Requête du Fermier des Domaines; il en seroit de même des autres biens dépendans d'une Garde-Noble, dont l'acquereur ne seroit en droit de jouyr qu'apres l'obtention & enregistrement desdites Lettres.

Article XI.

Que le Decret ou vente forcée, non seulement ne prescrit point le droit du Roy, mais ne le préjudicie pas.

L'On voit par l'Article precedent que la vente volontaire d'un Fief, dont la Garde appartient au Roy, n'a pû être faite au préjudice du Roy, parce que celuy qui eſt en Garde n'a pû diſpoſer des jouyſſances, ſans la volonté de Sa Majeſté ; ainſi cette vente ne peut preſcrire le droit du Roy : Mais on objecte qu'il n'en eſt pas de même d'une vente par decret, le decret étant une vente forcée ; qu'un acquereur par decret achepte de bonne foy ; qu'il n'eſt pas tombé en Garde pour être aſſujetti, à ce que la Coûtume preſcrit ſur le fait de la Garde-Noble ; que le Decret a purgé toutes ſortes de pretentions ; qu'enfin, c'eſt en quelque façon le Roy qui vend, puiſque cette vente ſe fait par authorité de Juſtice, & par les Officiers du Roy : Mais la vente forcée ne prive point le Seigneur de la jouyſſance de ſes droits ; Et quoy que l'acquereur ait achepté de bonne foy, il ne s'enſuit pas qu'il doive jouyr de ce qui apartient au Roy, & qui ne doit cesser de luy apartenir, qu'aprés qu'il aura accordé ses Lettres de main-levée & sortie de Garde, ordonnées par la Coûtume. Cet acquereur n'est pas tombé en Garde, mais les biens qu'il a acquis sont en Garde, & il ne peut avoir plus de droit que celuy sur lequel le decret a été fait, en avoit luy-même; puisque le decreté étoit obligé d'obtenir des Lettres pour pouvoir avoir la libre jouyssance de son bien, tout autre à sa place & à son droit est dans la même necessité. Le decret ne purge pas non plus toutes sortes de prétentions, puisqu'il ne purge point les droits réels. Car on sçait par exemple, qu'un Seigneur Censier n'est point obligé de s'oposer au decret d'un heritage pour la conservation du Cens qui luy est deub sur un heritage decreté.

C'est

C'eſt la diſpoſition de l'Ordonnance des Criées de 1551, parceque diſent les Docteurs, le cens eſt une marque de la Seigneurie directe, de même la Coûtume veut, pour marque de la ſouveraineté du Roy ſur les Fiefs, que le mineur étant tombé en Garde par la mort de ſon predeceſſeur, il n'en peut ſortir que par des Lettres Patentes de ſa Majeſté, & les Fiefs n'ayans été donnez en Normandie qu'à cette condition, le Roy a un privilege fondé ſur le droit plus ancien & primitif de la Seigneurie directe, expliqué par la Coûtume, qui fait qu'il n'eſt point obligé de s'oppoſer pour reclamer ſon droit. Le Roy ne refuſe pas des Lettres de ſortie de Garde, mais il faut les luy demander. Ce n'eſt pas non plus le Roy qui vend, quand les Officiers poſez par Sa

Majesté, pour rendre la justice à ses Sujets, adjugent un bien par decret ; & tous les Officiers du Roy ne sçauroient préjudier à ses droits ; Ainsi l'effet de la Garde-Noble subsiste nonobstant le decret, l'ignorance du droit du Roy n'étant pas une ignorance invincible, quand il est fondé sur la Coûtume du pays ; toutefois le decret ainsi fait ne devient pas nul, pour avoir été fait sans parler du droit du Roy, mais il n'a veritablement transmis à l'acquereur que la proprieté des choses acquises, il faut qu'il obtienne des Lettres du Roy qui luy permettent la jouyssance. Cela est conforme à l'esprit de la Coûtume, autrement les Articles 213. & 224. sont inutils.

ARTICLE XII.

IL eſt conſtant que le Roy & ſes Officiers ſont en droit d'empêcher le decret des biens du mineur tombé en ſa Garde, qu'il doit jouyr, en payant ſeulement le courant des Charges, & que pour pouvoir decretter les creanciers legitimes, ſeroient obligez d'attendre que la Garde fût finie; cela ſupose que le Roy jouyſſe, & lors que par des Lettres le Roy a remis ſon droit en faveur du mineur, ce mineur n'eſt pas ſeulement tenu du courant des charges, mais il doit encore tout ce que debvoit ſon predeceſſeur, s'il en eſt heritier, & les creanciers peuvent arréter & diſcuter les fermages & revenus, mais au droit du Roy le donataire peut empêcher le decret; le Procureur du Roy le peut aussi empêcher, parceque le Roy ne remettant que jusques à la majorité du mineur, & le don cessant par la majorité, comme il sera cy-apres remarqué, si alors on n'obtient du Roy Lettres de sortie de Garde, le Roy rentre dans son droit, & peut jouyr du jour de la majorité jusqu'à ce qu'il les ait accordées; ainsi il seroit inutille de decretter pendant le temps de la Garde, si l'on n'en a la permission du Roy par Lettres Patentes; En effet, si le don ne cessoit pas lors de la majorité du mineur, il ne faudroit plus de Lettres de sortie de Garde, quand le Roy auroit accordé des Lettres de don en faveur du mineur; car s'il doit jouyr ou le donataire pour luy autant que dureroit la Garde, & étant en Garde jusqu'à ce qu'il eût obtenu des Lettres de sortie de Garde, comme le porte l'article 224. il jouyroit toûjours ſans les obtenir, parce que la Garde dureroit toûjours.

Article XIII.

IL y a une objection qu'on peut faire, qui eſt en ce cas, que l'acquereur par decret juſtifiât que le Fief n'ût été decreté que pour des debtes privilegiées, & que le decreté n'ût aucune choſe à y pretendre, apres ces debtes payées; parceque l'on pourroit dire, que ne tombant en Garde qu'à cauſe de ce Fief, & n'y ayant rien, il ne ſeroit pas juſte qu'il tombât dans le cas de l'article 213, cependant il eſt certain qu'il y ſeroit tombé; puiſque la Coûtume dit ayant Fief Noble, & que c'eſt avoir un Fief Noble, que d'en jouyr, quoyque le prix entier en fût deub, parceque la proprieté en avoit été transmise, la chose feroit plus douteuse, si le decret pour debtes privilegiées étoit commencé avant le deceds du predecesseur, auquel cas on pouroit dire, qu'il étoit hors de ses mains avant son deceds : Mais comme la saisie en decret ne depossede pas, & met seulement les fruits en sequestre pour la seureté des creanciers, si bien que celuy dont le bien est saisi en decret a encore les droits honorifiques de son Fief, & même le peut vendre, à condition de payer les debtes pour lesquelles il est decreté, n'étant désaisi que par l'adjudication finale, qui est la perfection du decret. Or le decret n'étant point fini lors du deceds de celuy qui laisse enfans ou heritiers mineurs, ils tombent en la Garde du Roy à cause dudit Fief.

ARTICLE XIV.

Que le traisième reçû d'un Fief vendu, échangé ou decreté ne prescrit point le droit de Garde-Noble acquis au Roy.

JE sçay bien, que pour priver le Roy de l'effet de la Garde-Noble apres la vente, échange ou decretation d'un Fief, on peut oposer le traisiéme qu'en auroit reçû Sa Majesté, parceque le traisiéme étant comme le prix de l'ensaisinement du Fief, le Roy qui au moyen du traisiéme a mis l'acquereur en la possession du Fief, & le luy a délivré, est presumé n'y avoir plus aucun droit; mais le traisiéme n'est point le prix de l'ensaisinement en Normandie, n'étant pas deub par l'acquereur, il est deub par le vendeur, pour la liberté de vendre un Fief dont il ne peut disposer par la Coûtume, qu'à cette condition ; & quoy que celuy qui est tombé en Garde, & qui n'en a point été relevé, n'ait pas la libre disposition de son bien, dont les jouyssances apartiennent au Roy, jusqu'à certain temps, & apres certaines formalitez prescriptes par la Coûtume, & ordonnées par l'infeodation de son Fief, avant lesquelles il semble n'avoir pas eu droit d'en disposer, il faut neanmoins convenir que la proprieté luy en appartient, puisque le Seigneur Gardain n'a droit que de pretendre la jouyssance, aux termes de la Coûtume. Ainsi il peut vendre son Fief, mais pour jouyr dans le temps de droit, & en ce cas le traisiéme n'est pas moins deub au Roy, & quoyque reçû par le

Fermier ou Receveur du Domaine, il ne le doit préjudicier pour les jouyssances, & parconsequent l'effet de la Garde-Noble subsiste, nonobstant le decret & le traisiéme reçû.

Article XV.

Si les partages d'une succession entre le Tuteur des mineurs & la vefve du deffunt, avant que le Roy eût fait don de la Garde-Noble subsistent, lors que le Fief à cause duquel la Garde estoit écheuë, tombe au partage de la vefve en circonstances & dépendances.

Lors qu'apres la mort d'un homme, dans les biens duquel il se trouve un Fief relevant du Roy, le Tuteur de ses enfans mineurs a fait des partages, avec la vefve pour ses remports & conventions matrimonialles, de l'avis des parens des mineurs, & que ledit Fief en circonstances & dépendances, tombe au partage de la vefve, tels partages ne doivent susister ; car les mineurs étans tombez en la Garde du Roy, à cause dudit Fief, la Garde subsiste ; ainsi le Roy à qui la jouyssance des fruits de la Garde appartient, n'aura pas d'égard ausdits partages, mais sera tenu des droits de la vefve, & s'il donne la Garde, & remet son droit au Tuteur desdits mineurs, ou autre leur parent, même en faveur desdits mineurs, il poura être procedé à de nouveaux partages, parceque le Roy a cedé son droit, & que s'il prenoit la Garde pour en jouyr aux charges de droit, les Officiers de Sa Majesté ne seroient pas tenus d'agréer les partages déja faits, qu'ils pourroient faire tels avec la vefve qu'ils le jugeroient plus apropos, pour les interêts du Roy : mais qu'on retire le Fief cedé à la vefve, ou qu'on le luy laisse pour remplacement de ses conventions matrimonialles, le Roy aura le droit de pourvoir aux benefices qui en pourront dependre, jusqu'à ce que le mineur devenu majeur ait obtenu Lettres de sortie de Garde, quand bien même le Fief auroit été du propre de la Femme, pourvû qu'elle l'ût donné à son mary, & que ce Fief eût fait la portion des immeubles, dont elle pouvoit disposer en faveur de son mary.

ARTICLE XVI.

BErault, dans ſon Commentaire ſur l'article 215 de la Coûtume, cite trois Arrêts du Conſeil dés 11 Avril 1510, 13 Fevrier 1536, & 4 Mars 1556. qui ont jugé que le patronnage & droit de preſenter, n'avoit pû tomber au lot de la veſve pour ſes droits, ny pour ſon doüaire, au préjudice du droit de Garde-Noble ouvert, & qui ont maintenu les preſentez par le Roy: mais il ajoûte dans ſon Commentaire, que cela n'a lieu que lors que dans une ſucceſſion il n'y a qu'un patronnage, mais que ſi dans la ſucceſſion écheuë aux mineurs, il y a pluſieurs patronnages, & que par le partage qui ſe fait d'icelle ſucceſſion, entre leſdits mineurs & la veſve, pour ſon

ſon doüaire tombent au lot d'icelle aucuns Fiefs, dont dependent quelques patronnages d'Egliſe, c'eſt à ladite veſve à y preſenter vacation écheante, *quia jus preſentandi eſt in fructu*, pourveu que les lots n'ayent été faits en fraude du droit du Roy, c'eſt à ſçavoir qu'aux lots des mineurs il y ait patronnages à l'équipolent; il cite deux Arrêts, l'un du 3. Avril 1516, & l'autre du 6. Juin 1522. qui l'ont ainſi jugé en faveur de deux preſentez par deux doüairieres : mais ſans m'arréter à ces Arrêts, dont le reſpect pour le Parlement d'où ils ſont émanez ne me permet pas d'entrer dans les motifs. Je dis ſeulement qu'ils ne doivent ſervir d'exemple ny faire Loy contre le Roy, & pour le faire voir il ne faut point d'autre raiſon que celle de Berault, *jus preſentandi est in fructu*, puiſque du moment que la Garde échet au Roy, tous les fruits de la Garde luy apartiennent, que le droit de preſenter eſt du nombre des fruits, comme le dit Berault, & que le Roy remettant les fruits, ſe reſerve toûjours les patronnages. Il s'enſuit, par une conſequence infaillible, que tous les patronnages luy apartiennent, & que la diſtinction qu'y aporte Berault eſt contre la diſpoſition de la Coûtume, qui n'admet point de diſtinction, en diſant que le Seigneur fait les fruits ſiens, aux conditions & charges portées par l'article 215. En effet, ſi le partage qui ſe fait apres la Garde écheuë, entre les Tuteurs des mineurs & la veſve du deffunt, n'empêche point la Garde, ils n'en empêchent pas non plus l'effet : Et comme les patronnages apartiennent au Roy à cause de la Garde, ils ne cessent point de luy appartenir par le partage subsequent qui se fait avec la vefve, pour son doüaire, qui n'étant qu'une debte creée sur le bien de son mary, estimée à la tierce partie du revenu dont elle l'a trouvé saisi lors de son Mariage, elle en est remplie par la valleur de ladite tierce partie; car si le Roy jouyssoit de tout son droit, qu'il se fit une appreciation de la valleur & concistance d'une Garde-Noble, que tous les revenus & droits fussent appreciez, même les droits casuels, comme il se faisoit autrefois, les patronnages qui en ce cas n'ont jamais été & ne doivent pas être appreciez, ne le seroient pas encor, & quand sur, l'appreciation d'une Garde-Noble on ajugeroit à la vefve une terre pour son doüaire, ce ne pourroit être que pour autant que monteroit son doüaire, & pour en jouyr du Revenu; Et quoyque le patronnage & droit de presenter, soit du nombre des fruits, il est certain qu'elle n'en jouyroit pas au préjudice du droit du Roy, à plus forte raison, quand le Roy en remettant tous les fruits, ne se reserve que les patronnages, il en doit jouyr sans aucune distinction, & a Sa Majesté le droit de pourvoir aux benefices, pour autant qu'il s'en trouvera dans une succession, dont la Garde luy sera écheuë, jusqu'à ce qu'il ait accordé les Lettres de main-levée & sortie de Garde.

ARTICLE XVII.

IL faut remarquer, que si depuis l'établissement du tuteur, le Roy a donné la Garde-Noble à un autre parent, & que les Lettres en ayent été enregistrées, le tuteur est déchargé de plain droit de la gestion des biens qui tombent en Garde ; c'est-à-dire de tous les immeubles scituez dans la Province : mais si le Roy donnoit la Garde au tuteur, en faveur du mineur, le tuteur seroit sujet aux intherêts pupillaires, comme s'il n'y avoit point de Lettres de don, quoyque les donataires des Gardes-Nobles ne soient point sujets aux intherêts pupillaires. Et la raison est, que le Roy ne donnant ordinairement les Gardes-Nobles qu'au profit des mineurs. Le Tuteur qui est déja obligé aux interêts pupillaires, & qui pour le profit des mineurs, obtient de Sa Majesté des Lettres de don, de peur d'être troublé par les Receveurs du Domaine dans l'aménagement du bien des mineurs, ne peut rendre par le don du Roy sa condition meilleure qu'elle n'étoit. Or, il étoit sujet aux intherêts pupillaires, & partant les Lettres du Prince, qui ne sont que pour le plus grand bien des mineurs, ne l'en doivent pas décharger, mais si apres les Lettres de don, le donataire est étably tuteur, il ne sera point sujet aux intherêts pupillaires des biens qui tombent en Garde; il est bon neanmoins en tel cas, que le donataire en acceptant la tutelle, passe sa declaration que c'est sans préjudice des Lettres de don de la Garde-Noble, desquelles il entend s'éjouyr.

Article XVIII.

Quand le Roy a fait don des fruits d'une Garde-Noble, s'il échet au mineur la Garde d'un arriere-Fief, le Donataire peut-il jouyr de la Garde du Fief du vaßal mineur, en vertu des Lettres de don, des fruits de la Garde-Noble?

L'Article 122 de la Coûtume porte, que pendant que le mineur d'ans est en Garde, si ceux qui tiennent Fief Noble de luy, tombent en sa Garde; la Garde en appartient au Seigneur Gardain dudit mineur, & ou ledit mineur seroit en la Garde du Roy, il a pareil droit à l'arriere Garde que les autres Seigneurs, & non plus; & toutefois & quantes que le mineur sortira de Garde il aura la délivrance non seulement de son Fief, mais du Fief qui est en sa Garde. La question n'est pas de sçavoir, si l'arriere Garde apartient au Roy, la Coûtume y est positive, & luy donne sur l'arriere Garde le même droit qu'auroit le Seigneur Feodal, pendant le temps de la Garde : Mais la question est de sçavoir, si apres le don des Fruits d'une Garde-Noble, l'arriere Garde qui échet appartient au Roy, ou si le donataire de la principalle Garde doit jouyr de l'arriere Garde (en vertu de ses Lettres de don) comme d'un fruit & accessoire de la principalle Garde ; les opinions sont partagez sur ce point, les uns veulent que le donataire doive jouyr de l'arriere Garde, parce que le Roy qui a donné & remis les fruits de la Garde, a donné tout ce qui pouvoit arriver en consequence, & que cette arriere Garde étant un fruit de la Garde remise, il en doit jouyr, sans qu'il soit obligé d'obtenir nouvelles Lettres de don, & fondent leur advis, sur ce qu'on doit presumer, de la bonne intention du Roy, qui a donné les fruits sans reserve, & qui n'en auroit pas fait, si lors qu'il a donné la principalle Garde, l'arriere Garde avoit été écheuë, & qu'on l'ût fait connoître à Sa Majesté. Les autres veulent que le donataire ne puisse jouyr de l'arriere Garde, parce qu'elle n'est pas comprise dans les Lettres de don de la principalle Garde, qu'elle n'y doit pas être censée comprise, sous pretexte du don des fruits de la Garde Noble, fait en faveur des mineurs; Et cette opinion est encore fondée sur l'intention du Roy, qu'on ne presumera pas avoir donné autre chose que ce qu'on luy demandoit. Or, on luy demandoit les fruits de la Garde du mineur, tombé en la Garde de Sa Majesté, & non pas la Garde d'un autre; car l'arriere garde est le fruit de la garde d'un autre, & parconsequent elle ne peut être presumée accordée par les Lettres de don de la principalle garde. Enfin, les autres ajoûtent, que le Seigneur Feodal étant en garde luy-même, il ne peut être le gardain d'un autre, & que le proprietaire de l'arriere Fief ne doit pas tomber en la garde & tutelle du tuteur de son Seigneur; qu'ainsi l'arriere garde revient au Roy. A cela on objecte, que puisque le donataire jouyt bien de la principalle garde, il peut bien aussi jouyr de l'arriere garde, qui en eſt une dépendance ou accroiſſement à icelle, qu'on ne peut pretendre en faveur du Roy que les patronnages de l'arriere garde, s'il y en a aucuns, parceque les patronnages de la principalle garde ſont reſervez au Roy, & que l'arriere garde étant un acceſſoire de la principalle, elle ſuit la même condition, mais les premiers ſe trompent, & les autres ne decident pas par la veritable raiſon. C'eſt l'article 222. qui decide la queſtion, il dit préciſement qu'où le mineur ſeroit en la garde du Roy, il a pareil droit à l'arriere garde que les autres Seigneurs; c'eſt-à-dire, le même droit à l'arriere garde que y auroit eu le Seigneur ſuzerain, s'il n'avoit pas été en garde. Or, le mineur n'étant pas moins en la garde du Roy, pour avoir Sa Majeſté fait remiſe des fruits de ſa garde, ce qui paroît, & par les patronnages, auſquels Sa Majeſté pourvoit encore, juſqu'à ce qu'elle ait accordé ſes Lettres de ſortie de garde, & par la neceſſité de les obtenir pour ſortir de garde. Il s'enſuit par une conſequence infaillible, qui tant que l'effet de la Garde-Noble du mineur ſubſiſte, l'arriere garde qui luy échet apartient au Roy, puiſque c'eſt la ſeulle raiſon, & le cas auquel la Coûtume l'accorde au Roy, ainſi Sa Majeſté ayant donné les fruits d'une garde-Noble, n'a point donné l'arriere garde; c'eſt-à-dire la Garde-Noble qui échet cy-apres au mineur, tombé en ſa garde, & le donataire n'en peut jouyr en vertu des Lettres de don; pour en jouyr, il faut qu'il obtienne d'autres Lettres de, ce expreſſes, & lors que le mineur devenu

devenu majeur aura obtenu Lettres de sortie de Garde, il aura de droit délivrance de l'arriere Fief tombé en sa Garde, & en jouyra jusqu'à ce que celuy qui est en sa Garde ait atteint ses ans de majorité, & signifié son passé aagé ; Et au cas que le Roy ait fait don de l'arriere Garde à autre qu'à celuy à qui il avoit remis la principale Garde, le donataire de l'arriere Garde la remettra en l'état qu'elle est au Seigneur Suzerain, sans luy rendre compte des fruits ; parceque l'arriere Garde ayant appartenu au Roy à cause de la Garde du mineur Suzerain, le Roy en a pu disposer, ou s'il n'en avoit pas disposé, le mineur s'en est éjouy ou son tuteur pour luy ; parceque le Roy n'ayant pas plus de droit à l'arriere Garde que le Seigneur Feodal, & le Seigneur

Feodal etant obligé de demander la Garde, le Roy étoit de même obligé de demander l'arriere Garde ; c'est-à-dire, s'en mettre en possession ou en disposer, & s'il ne l'a fait, le mineur proprietaire de l'arriere Fief en a profité. Pour justifier que l'arriere Garde en ce cas appartient au Roy ; il ne faut faire qu'un peu de reflexion sur les termes de la Coûtume, elle porte que pendant que le mineur d'ans est en Garde, si ceux qui tiennent de luy Fief-Noble tombent en sa Garde, la Garde en appartient au Seigneur gardain du mineur. Or les mineurs ne tombans en la Garde de leur Seigneur gardain, que parce qu'ils ne sont pas capables de posseder leurs Fiefs, ils ne peuvent tomber qu'en la garde du Seigneur, qui est capable de les leur garder, ce n'est pas le mineur Seigneur ſuzerain qui n'eſt pas luy-même capable de garder le ſien. Ce n'eſt pas le donataire, car il n'eſt pas le Seigneur gardain ; & la Coûtume dit, le Seigneur gardain : C'eſt donc le Roy.

ARTICLE XIX.

De tous ceux qui ont commenté la Coûtume, aucun n'a rien dit ſur l'article 222. concernant l'arriere Garde : mais ſur l'article 215. Monſieur Banage qui a fait des remarques ſur la Coûtume, cite un Arrêt du cinquiéme May 1643, dont le fait étoit tel. Une mere avoit obtenu du Roy la Garde-Noble de ſon fils, âgé ſeulement de dix-ſept ans, la Garde-Noble d'un mineur qui poſſedoit un arriere Fief, dependant de la terre de ſon fils, étant écheuë, elle en fit remiſe pour 400 livres, ſon fils étant majeur prétendit qu'elle n'avoit pû diſpoſer de cette Garde-Noble que pour le temps de ſa minorité, que le Fief dont elle avoit fait remiſe pour 400 livres, valloit plus de trois mil livres de rente, & appartenoit à un mineur qui n'avoit que trois ans, ce qui luy apportoit un notable préjudice. Monſieur Banage remarque que elle n'avoit pu exceder le temps durant lequel, par la grace du Roy, elle devoit jouyr du bien de ſon fils mineur, que neanmoins par ledit Arrêt du cinquiéme May 1643. le fils fut debouté de ſa demande, en l'Audience de la grande Chambre. En quoy il remarque encor, que la qualité de mere pouvoit avoir été le motif de l'Arrêt; parceque préſuppoſant que la remiſe faite par le Roy eſt en faveur des mineurs, le tuteur n'en peut traiter qu'à leur avantage. En cela Monſieur Banage a raiſon, mais l'arriere Garde, qui n'étoit pas le bien du mineur, & qui n'appartenoit qu'au Roy, comme Seigneur Gardain, aux termes de l'article 222, n'avoit pas été donnée n'y remiſe, & parconſequent la mere n'en avoit deub diſpoſer, & le fils avoit raiſon de la reclamer, ſuposé qu'il fût ſorti de Garde, & que ſon vaſſal fût encor mineur. Il ſemble donc que la compoſition faite par la mere étoit nulle, pour n'avoir eu aucun droit de la faire, puiſque l'arriere Garde appartenoit au Roy, qui n'en avoit point fait de remiſe; & ſi le Seigneur ſuzerain avoit obtenu Lettres de ſortie de Garde, & que ſon vaſſal fût encor mineur, il devoit être envoyé en possession de l'arriere Garde, pour en jouyr jusqu'à ce que le vassal fût devenu majeur, & pour les 400 liv. ils devoient être ajugez au Roy, pour luy tenir lieu des fruits du passé, la mere condamnée à les restituer, & payer à Sa Majesté, saouf au fils à en obtenir le don de Sa Majesté; & si le Seigneur suzerain n'avoit lors obtenu Lettres de sortie de Garde, & le vassal étoit encor mineur, l'arriere Garde devoit en outre être ajugée au Roy, & enjoint au Receveur du Domaine de s'en mettre en possession pour en jouyr jusqu'à ce que le Seigneur suzerain eût obtenu & fait enregistrer ses Lettres de sortie de garde, parceque la jouyssance de l'arriere Garde ne devoit commencer à son égard que du jour de l'enregistrement de ses Lettres de ſortie de Garde.

ARTICLE XX.

ENfin, non ſeulement on ne peut pas dire que le don d'une Garde-Noble, faite en faveur du mineur, ſupoſe & entend tacitement le don de l'arriere garde, qui pouroit écheoir dans la ſuite, parceque cela eſt contre la diſpoſition de la Coûtume, contre l'ordre, & la bienſeance. Un mineur qui eſt en garde ne doit pas être le gardain d'un autre mineur, ny le donataire, qui n'eſt pas le Seigneur gardain, & on ne le doit pas pretendre ſous pretexte des Lettres, par leſquelles Sa Majeſté a remis les fruits de la garde du Seigneur ſuzerain, parceque c'eſt abuſer de la grace du Roy, que de la vouloir étendre, contre la diſpoſition de la Coûtume, au préjudice de ſes droits, & des loix de la bien-ſeance; On ne peut pas même dire que cette clauſe expreſſe de remiſe à l'arriere garde d'eût être exprimée dans les Lettres de don, parce qu'il eſt contre la nature du don de donner ce qu'on ne connoit pas, & qu'il eſt neanmoins de conſequence de connoître; particulierement le Roy ne donnans qu'en faveur des mineurs: Il eſt juſte que le mineur puiſſe ſçavoir ce dont le Donataire luy doit rendre raiſon. C'eſt ſur ce pretexte d'équité que les Lettres de don ſont adreſſées à Meſſieurs des Comptes, & qu'elles ne ſont enregiſtrées que du conſentement des parens, enſuite d'information faite des biens d'une garde-Noble, de leur nature & valeur, des charges & debtes, du nombre & ſexe des enfans, de leurs âges, & des benefices dependans de ladite garde, parceque la nomination auſdits benefices, vacation arrivant, apartient au Roy; c'eſt par cette même raiſon qu'avant de proceder à ladite information, il eſt dreſſé des Procez verbaux de l'état des maiſons, bâtimens & édifices, par des Experts, qui ſont tenus de venir jurer veritables leurſdits Procez-verbaux. Or, ces formalitez ne ſeroient pas obſervées ſi le don d'une Garde-Noble ſuppoſoit de droit le don de l'arriere garde, qui arriveroit enſuite, car Meſſieurs des Comptes n'en auroient plus de connoiſſance, & non ſeulement le donataire de la principale garde pourroit au préjudice du mineur abuſer de l'arriere garde, comme il eſt arrivé dans le cas de l'exemple, cité par Monsieur Banage, ce qui seroit contre l'intention du Roy, mais le Roy y seroit encor lezé, en ce qu'il perdroit le droit de pourvoir aux benefices de l'arriere garde, pour n'avoir pas été pourveu à la conservation de son droit, qui ne seroit pas assez notoire.

Article XXI.

CEtte clause de don de l'arriere garde, ne devroit pas non plus être employée dans les Lettres de don des fruits de la principale garde, parceque ce seroit ôter au Roy, par la prévention d'un don prematuré l'occasion de faire du bien, & gratifier le cas écheant, le mineur vassal des fruits de l'arriere garde, & par ce moyen reconnoître en la personne de ce mineur, par tel don & remise, quelque ſervice que ſon pere ou ſes parens pouroient avoir rendus à Sa Majeſté. Il ſemble même que par tel don prematuré, le Roy qui quitteroit ſon droit à la choſe, feroit une grace préjudiciable aux droits de ſa Couronne, donc le droit de Garde-Noble, qui eſt inceſſible, eſt le plus beau & le plus ancien en Normandie. D'ailleurs, c'eſt ôter au mineur vaſſal l'occaſion de pouvoir être gratifié du Roy, dans un cas ou la Coûtume luy devenant favorable, il eſt bien juſte qu'il en profite, & qu'il puiſſe eſperer du Roy la même grace que ſon Seigneur ſuzerain, pour autant de temps que le Seigneur ſuzerain eſt en Garde, & Meſſieurs des Comptes, qui nonobſtant le don adjugent encor, pour conſerver l'ancien uſage, les Gardes-Nobles à une legere rente, dont lors de l'entregistrement ils chargent le donataire comme du prix de l'enchere de ladite Garde-Noble (& laquelle se paye au Domaine du Roy, jusqu'à ce que Sa Majesté ait accordé ses Lettres de sortie de Garde) n'ayans aucune connoissance de l'arriere Garde, priveroient le Roy de ce petit avantage, & le Receveur du Domaine qui doit compter & rendre raison des droits casuels, aux termes de l'Edit du mois d'Avril 1685. qui n'est qu'une repetition des anciennes Ordonnances, ne pourroit tenir l'ordre qui y est prescrit, ny rendre raison du don de cette arriere Garde : Cependant il est de consequence que dans les comptes du Domaine, il soit fait mention de ces dons ; ensorte, que si la Coûtume ne s'expliquoit pas suffisamment sur le fait

de

de l'arriere Garde, l'inthetêt du Roy & celuy du particulier meriteroient bien qu'il y fût pourvû, mais s'expliquant d'elle-même en faveur du Roy, qui en uſe avec tant de bonté, il ſeroit injuſte d'y chercher une interpretation en faveur du Seigneur ſûzerain, qui ôtât à Sa Majeſté le moyen de faire une grace, & à celuy qui eſt proprietaire de l'arriere Fief, l'occaſion de la recevoir. Il faut donc dire que quelque don & remiſe que faſſe le Roy, des fruits d'une Garde-Noble, il eſt reſervé à diſpoſer de l'arriere Garde, qui dans la ſuitte peut échoir au mineur, dont il eſt le Seigneur Gardain.

ARTICLE XXII.

Iusqu'à quel temps le donataire d'une Garde Noble doit jouyr des fruits de ladite Garde.

LA Garde-Noble ne finissant que par des Lettres de sortie de Garde, conformement a l'article 224. de la Coûtume, il semble que le Roy qui en a donné les fruits les a donnez jusqu'à ce temps ; qu'ainsi le donataire doit jouyr jusqu'à ce que le mineur devenu majeur ait obtenu Lettres de sortie de Garde : mais comme le Roy ne donne qu'en faveur du mineur, & à cause de sa minorité, l'intention de sa Majesté n'est de donner que jusques au temps de la majorité du mineur : En effet, les Lettres de don portent ordinairement pour en jouyr juſques à la majorité ; d'où il s'enſuit que le donataire n'a droit de jouyr que juſques à la majorité du mineur, & que le don ne ſubſiſtant que juſques à ce tems, ſi lors il neglige d'obtenir du Roy des Lettres de ſortie de Garde, le Receveur du Domaine eſt en droit de ſe mettre en poſſeſſion des fruits de la Garde, dont le don eſt finy de droit par la majorité du mineur, & retourné au Roy, juſqu'à ce qu'il ait accordé ſes Lettres de main-levée & ſortie de Garde, autrement il ſeroit preſqu'innutil que la Coûtume obligeât à obtenir des Lettres du Prince pour ſortir de Garde, lors qu'il y auroit eu des Lettres de don ; Car ſi le Roy donnoit les fruits de la Garde, pour autant de temps qu'elle ſubſiſteroit, & ſubſiſtant juſqu'à ce que le Roy eût accordé des Lettres de ſortie de garde, il s'enſuivroit que le mineur devenu majeur jouyroit de ſon bien indépendamment du Roy, par le moyen, & d'intelligence avec le donataire, ou parceque le donataire luy en auroit rendu compte; car rien n'empêche le mineur, quand il eſt devenu majeur, de ſe faire rendre compte par le donataire, quoy qu'il ne ſoit pas ſorti de garde, à l'égard du Roy.

Article XXIII.

IL ſemble qu'il en feroit autrement, ſi le Roy faiſoit don des fruits d'une Garde-Noble, comme autrefois, en faveur d'autre que du mineur, & pour recompenſe de ſervice, & qu'il fût ſtipulé dans les Lettres, que le Roy en feroit don pour en jouyr pendant le temps de la Garde, car alors la raiſon d'intelligence d'entre le donataire & le mineur ceſſeroit, & il paroîtroit bien plus vray-ſemblable que le Roy faiſant tel don pour recompenſe de ſervice, ſon intention ſeroit, que le donataire en joüît autant de temps que Sa Majeſté auroit été en droit d'en jouyr, s'il n'en avoit fait don : mais cette pretention ne ſeroit pas ſans difficulté, car il y auroit lieu de preſumer, que le Roy ayant bien ſçû que le mineur devenu majeur ſeroit en état d'obtenir des Lettres de ſortie de Garde, n'avoit eu intention de donner que juſques à la majorité du mineur. Et pour lever toute difficulté lors de l'enregiſtrement des Lettres de don d'une Garde-Noble, en faveur d'autre que des mineurs, Meſſieurs des Comptes, auſquels les

Lettres sont addressées doivent y apporter cette modification pour jouyr des fruits de la Garde-Noble jusqu'à la majorité seulement du mineur, & lors que le don est en faveur des mineurs, il est innutil d'y apporter aucune explication, il s'entend de droit, que le don n'est fait que jusques à la majorité du mineur.

Article XXIV.

LE Roy ne donne en faveur du mineur que parce que le mineur étant incapable de posseder fief, & la garde de ce fief & des autres biens du mineur appartenant au Roy, Sa Majesté veut bien toutefois que le mineur n'en souffre pas, pendant qu'il est hors d'état de remedier à ce que l'ordre de la Coûtume a déterminé de son bien & de sa personne, c'eſt pour luy ſubvenir que le Roy donne en ſa faveur, mais lors que le mineur a atteint ſes ans de majorité, il eſt devenu capable d'obtenir du Roy la main-levée de ſa garde, & s'il ne ſe ſert pas alors de la diſpoſition de ſon âge pour recourir à cette bonté Royalle qui luy tend les mains, & qui n'a jamais refusé cette grace, il fait bien voir par cette negligence, qui eſt une eſpece de mépris, de l'authorité de ſon Prince, qu'il ne meritoit pas la grace que le Roy luy avoit faite par ſes Lettres de don, ainſi s'il reſtoit quelque doute de cette verité, que le don d'une Garde-Noble ceſſe lors de la majorité du mineur, la raiſon, la juſtice & l'ordre veulent qu'il en ſoit ainſi, & qu'il ceſſe en ce cas.

ARTICLE XXV.

Si un pere renonçant à une succession qui luy échet, il l'aprehende pour & au nom de ses enfans mineurs, & que dans cette succession il y ait un Fief Noble, peut-il comme tuteur naturel de ses enfans, jouyr de cette succession & dudit Fief?

ENcor bien que le pere soit le tuteur naturel de ses enfans, cette qualité ne détruit point l'ordre de la Coûtume, qui veut que les Fiefs appartenans aux mineurs, tombent ainsi que la personne desdits mineurs, en la garde du Roy, & le pere ne pouvant avoir d'autre droit à l'aménagement de cette succession que celuy que le Roy luy peut donner, il s'ensuit qu'il est obligé d'obtenir des Lettres de don de la Garde-Noble de ſon fils, ſans quoy, le Receveur du Domaine peut jouyr, car le pere n'y a plus de droit d'abord qu'il y a renoncé, ou qu'il ne la prend de ſon chef, & dés ce moment le Roy peut faire les fruits ſiens, il en ſeroit de même s'il étoit fait don à un mineur d'un Fief relevant du Roy, dont le pere ne pourroit jouyr en qualité de tuteur naturel de ſon enfant mineur, qu'apres avoir obtenu Lettres du Roy; mais le donateur pourroit revoquer le don, & en ce cas le Roy n'y auroit plus de droit; il y auroit auſſi ouverture à la Garde-Noble, ſi un pere donnoit entre vifs à ſon fils, non encor majeur, un Fief relevant du Roy.

Article XXVI.

Si un usufruitier d'un Fief, cy-devant tombé en la Garde du Roy, dont le proprietaire n'auroit esté relevé, pourroit jouyr de l'usufruit dudit Fief, sans obtenir Lettres du Roy.

L'Effet de la Garde-Noble, subsistans toûjours, nonobstant le laps de temps, jusqu'à ce que le Roy ait accordé des Lettres de sortie ou main-levée de garde, il s'ensuit que l'usufruitier d'un Fief, dont le proprietaire, son pere, mere, ayeul ou predecesseur seroit tombé à cause dudit Fief en la Garde du Roy, ne pourroit jouyr de l'usufruit dudit Fief sans Lettres du Roy, car n'ayans droit d'en jouyr qu'à cause du droit de celuy qui en est le proprietaire, & le proprietaire n'ayant droit, parceque l'effet de la Garde-Noble ſubſiſte, il eſt d'une conſequence infaillible que cet uſufruitier ne pourroit jouyr dudit Fief ſans obtenir Lettres du Roy, non ſeulement l'ordre de la Coûtume y eſt conforme, mais il y a pluſieurs exemples à la Chambre des Comptes de Normandie, de Lettres de ſortie de Garde, obtenuës par divers particuliers, pour être relevez de la Garde, en laquelle leur pere, mere, ayeul ou autre predeceſſeur étoient autrefois tombez; ſoit que le Roy eût accordé cy-devant Lettres de don deſdits Gardes ou non; car il n'y a point en ce cas de diſtinction à faire au préjudice du Roy, contre lequel on ne peut pas alleguer ce point de Coûtume de l'article 110 des Fiefs & droits Feodaux, que tant que le Seigneur dort le Vassal veille ; c'est à dire que tant que le Seigneur est negligent de faire la prise du Fief, le Vassal en jouyt & fait les fruits siens, encor qu'il n'ait fait les foy & hommage ; ce qui ne se peut dire que lors que le vassal est capable de rendre les debvoirs. Je parle de cet article, parceque souvent il est allegué contre le Roy au préjudice du droit de Garde-Noble. Premierement cette exception n'est point dans la Coûtume, au sujet de la Garde-Noble ; aucontraire, la Coûtume est positive, & s'explique nettement en faveur du Roy. Secondement quand on seroit en droit d'interpreter la Coûtume au préjudice du Roy (ce que personne n'a droit de faire) ce point de Coûtume de l'article 110. ne se peut entendre au sujet de la Garde-Noble,

Noble, parceque par l'ouverture de la Garde ; c'eſt-à-dire par la mort du predeceſſeur du mineur, poſſedans Fief relevant du Roy, il n'a plus de vaſſal capable de luy faire les debvoirs, & n'en doit plus avoir juſqu'à ce qu'il ait accordé Lettres de ſortie de Garde ; Et parconſequent ſi l'on peut dire que le Seigneur dort, on ne peut pas dire que le vaſſal veille.

ARTICLE XXVII.

BErault, ſur le premier article du chapitre des Gardes, qui eſt l'article 213. de la Coûtume, dit que le mary, en vertu de l'article 383, aura l'uſufruit des biens de ſa Femme, au préjudice des Seigneurs Feodaux, ce qui eſt vray, comme il va être remarqué, mais qui n'eſt pas vray au cas proposé, car l'article 383. au Tiltre du Doüaire des Femmes, porte que le droit de vuiduité appartient au mary, non seulement au préjudice des enfans de sa femme, de quelque mariage qu'ils soient sortis, mais aussi des Seigneurs Feodaux, ausquels pourroient appartenir les heritages de la femme, soit à droit de confiscation, ligne exteinte, & reversion, ou droit de Garde des enfans ou heritiers mineurs d'ans de la Femme; parce que naturellement le Seigneur gardain est sujet aux charges de droit, dont le doüaire est une des principales, encor que dans l'article 214. de la Coûtume qui explique les charges, dont le Seigneur gardain est tenu, le doüaire ny soit pas nommément exprimé: il s'ensuit que le mary doit jouyr de son usufruit sur le Fief de sa femme, independamment de la Garde des enfans mineurs de cette Femme, ou heritiers, mineurs d'ans, acquise par sa mort au Roy, ou autre Seigneur gardain, mais non pas indépendamment du droit de Garde-Noble, acquis au Roy, par la mort du predecesseur de cette Femme, qui n'auroit obtenu Lettres de sortie de Garde; parce que le mary n'y ayant droit qu'à cause de sa femme, & sa femme n'y en ayant point eu, à cause de la Garde-Noble, dont elle n'avoit été relevée, le mariage n'ayant été suffisant pour la relever de ladite Garde, le mary ne peut en ce cas jouyr de son usufruit qu'apres avoir obtenu Lettres du Roy.

Article XXVIII.

Si le mary qui a l'usufruit du Fief de sa femme, qui tombe en Garde à cause de la minorité de ses enfans, à droit de presenter aux benefices qui en dépendent.

IL est vray que la jouyssance que doit avoir le mary à cause de sa vuiduité luy appartient, indépendamment de la Garde-Noble, au cas dont il s'agît, que s'il doit jouyr de la totalité du Fief, le Seigneur Gardain ne sçauroit entrer en jouyssance, que le doüaire ne soit finy; de sorte, que si avant que le doüaire soit finy, les heritiers de la femme devenoient majeurs, on peut dire que le Seigneur Gardain n'auroit eu aucun profit de la Garde, cependant comme la proprieté du

Fief appartenoit aux mineurs, & qu'ils étoient veritablement par la mort de leur mere tombez en Garde, le droit du mary pour son doüaire, n'empeschant pas celuy du Roy, mais en suspendant seulement l'effet, quant à la jouyssance des fruits utils, parce qu'ils ne sont pas moins tombez en Garde, ce que la Coûtume dit précisement, en disant que le mary doit jouyr nonobstant la Garde, il s'ensuit que lors que le doüaire du pere a finy, fussent les enfans majeurs, ils n'ont pas moins besoin de Lettres de sortie de Garde, & s'ils n'en obtiennent pas, le Roy peut faire les fruits siens; car la jouyssance doit commencer apres le doüaire extaint; & s'il y a des patronnages à cause du Fief dont le mary jouyt a droit de viduité, il n'y pourra pas presenter le cas écheant, mais bien le Roy ; parceque le doüaire & droit de vuiduité du mary, n'est pas plus favorable que le doüaire d'une femme, qui au cas pareil n'a pas droit de presenter aux benefices dépendans du Fief dont elle jouyt à tiltre de doüaire, comme il a été cy-devant dit à l'article....

Article XXIX.

Si celuy qui sort de Garde est exempt de relief, lors que le Roy luy a fait don & remise des fruits de sa Garde.

L'Article 225. de la Coûtume, au Tiltre des Gardes, dit que celuy qui sort de Garde *ne doit aucun relief de son Fief, d'autant que les fruits & issuës de la Garde luy doivent estre comptez au lieu du relief, & si la Garde estoit au Roy, il n'est pareillement deub de relief des Fiefs qui sont tenus des autres Seigneurs, encor qu'ils n'ayent eu la Garde desdits Fiefs.* Comme en ce cas la décharge du relief n'est fondée que sur ce que le Gardain fait les fruits siens, la Coûtume ne supposant point de remise, & que les fruits acquittent le relief, il y a bien lieu de douter si le mineur, en faveur duquel les fruits de la Garde ont été donnez, & auquel le donataire en compte & paye le reliqua, est dispensé du relief, lors qu'il sort de Garde, car si la Coûtume ne fonde la décharge du relief que sur la perception des fruits; lors qu'ils ont été remis en faveur du mineur, cette raison cesse, & il ne devroit pas être dispensé du droit de relief. Godefroy, qui a commenté la Coûtume est d'avis sur cela, que celuy qui donne (*obligat sibi beneficii debitorem*) par consequent que le don des fruits emporte aussi celuy du relief, & que c'est autant que si le Seigneur les avoit perçûs lors qu'il les a donnez, ce qui est vray, quand le Roy a donné & remis la Garde au profit d'un autre que du mineur, mais le relief étant deub à toutes mutations, & la décharge n'en étant fondée que sur la perception des fruits, quand ils n'ont point été perçûs ; & qu'au contraire ils ont été remis en faveur du mineur, il ne devroit pas être dispensé du relief : on peut neanmoins objecter que le donataire d'une Garde-Noble, étant toûjours chargé par Messieurs les gens des Comptes d'une legere redevance, à laquelle on met à prix ladite Garde, pour conserver l'ancien usage, & par forme de reconnoiſſance du don, cette rente tient lieu au Roy du relief qui ſeroit la raiſon pourquoy celuy qui ſortiroit de garde devroit être déchargé du relief, que ſi aucontraire le Roy n'ayant fait don de la Garde-Noble ny perçû les fruits, que cependant le mineur devenu majeur ait obtenu Lettres de ſortie de garde, avec cette clauſe de don & remiſe des fruits, deubs & écheus, & non payez, il y auroit plus de difficulté à déterminer, ſi cette clauſe emporteroit le don du relief, & il paroît que non, car rien ne tient lieu au Roy du relief : Il ſemble que le Roy n'a intention de remettre au mineur que ce qui auroit appartenu à ce mineur, ceſſant la garde, & non pas ce qui n'auroit pas laiſſé d'appartenir à Sa Majeſté, ceſſant la même garde, ainſi il debvroit en ce cas le relief de son Fief.

Article XXX.

Si les arrerages des rentes Seigneurialles ou foncieres deuës au Domaine du Roy, & écheuës durant le temps de la Garde, sont censez remis par Lettres de don, ou par Lettres de sortie, avec clause de don.

Et si les arrerages de la rente, dont le donataire a esté chargé lors de la verification des Lettres de don, sont remis par les Lettres de sortie de Garde, portant don des droits deubs, écheus, & non payez au Roy.

Berault est d'avis, que celuy qui sort de garde, ne doit à son Seigneur gardain les arrerages des rentes & redevances, écheuës durant la garde, d'autant que les fruits & issuës de la garde, luy doivent être comptez au lieu des fruits de ladite garde. Ce qui se rapporte aux articles 215, 218. & à l'article 114 de la Coûtume, lequel article 114. porte, que le Seigneur ayans joüy en vertu de prise de Fief, ne se peut faire payer des arrerages, des rentes Seigneurialles écheuës depuis & durant la saisie : mais il n'en est pas de même, quand le Roy a fait don & remise des fruits de la garde au profit du mineur, parceque comme dit est, rien ne tient lieu au Roy desdits arrerages, & qu'on ne doit pas presumer que le Roy eût remis autre chose à ce mineur que ce qui luy auroit apartenu cessant la garde, & non pas ce qui appartenoit à Sa Majesté, cessant la même garde, d'ailleurs ces ſortes de rentes ou charges réelles, faiſant portion du Domaine, qui ordinairement eſt affermé, la remiſe n'en doit être faite au préjudice du Fermier, ainſi leſdites Lettres de don ou ſortie de garde, avec clauſe de don & remiſe des fruits & droits deubs & écheus & non payez, n'emporte point la décharge des arrerages des rentes deuës au Roy, & écheuës durant le tems de la garde; il en ſeroit neanmoins autrement, ſi le Roy faiſoit don des fruits de la garde, en faveur de tout autre que du mineur, car en ce cas le mineur en ſeroit déchargé, le donataire, aux termes deſdits articles 215. & 218, en étant tenu.

Article

ARTICLE XXXI.

SUrquoy il faut remarquer, que la Coûtume, qui oblige le donataire à rendre compte, au profit du mineur, ne l'oblige pas à payer le reliquat : Mais l'article 215, apres avoir expliqué les charges, auxquels les Seignèurs gardains sont obligez, dit *& sont ceux ausquels le Roy fait don desdites Gardes, sujets ausdites charges, & d'en rendre compte au profit des mineurs.* Ce qui s'entend desdites charges, ausquelles le Gardain est tenu de faire voir qu'il a satisfait, & se prouve par le même article, qui dit qu'il fait les fruits siens, ce qui ne seroit pas les faire, que de les rendre. Cependant, le Roy qui a la bonté de ne donner les fruits de la Garde-Noble qu'au profit des mineurs, oblige toûjours les donataires à payer le reliqua, dérogeant en cela à la Coûtume. Or tout ainsi que le donataire est tenu par la Coûtume du payement des arrerages des rentes hypotheques, Seigneurialles & Foncieres, de même le mineur qui devient le donataire; parceque le don est fait en sa faveur, doit au Roy les charges réelles qui luy sont deuës, sur le bien que Sa Majesté luy remet par des Lettres de don, autrement le Roy souffriroit de ce qu'il feroit plûtôt du bien au mineur qu'à un autre; & pour les arrerages de la rente, dont le donataire avoit été chargé envers le Domaine du Roy, lors de la verification des Lettres de don, non seulement ils ne sont point censez remis par les Lettres de sortie de Garde, ny par la clause, portans don & remiſe des droits, deubs, écheus, & non payez; mais quand quelques Lettres de ſortie de Garde ont porté cette clauſe expreſſe de décharge des arrerages de ladite rente, elles n'ont été enregiſtrées en la Chambre des Comptes, qu'à la reſerve de cette clauſe; en effet, le Sieur Dargouges de Gouville, ayant preſenté au mois de Janvier 1637, Lettres de ſortie de Garde avec clauſe de don & remiſe de la taxe deuë au Domaine du Roy, à cauſe du don de ladite Garde. La Chambre des Comptes, apres en avoir déliberé, les Semeſtres aſſemblées, ordonna qu'elles ſeroient enregiſtrées pour en jouyr par l'impetrant, ſelon leur forme & teneur, à la reſerve du don de ladite taxe, qui ſeroit actuellement payée au Domaine du Roy. Et le troiſiéme Juillet 1655, ladite

Chambre fit un Reglement, par lequel Elle ordonna, que les sommes qui seroient cy-apres ordonnées être payées aux Receptes du Domaine par les Impetrans, des dons des Gardes-Nobles, lors de la verification des Lettres, y seroient payez sans qu'aucun en pût cy-apres être déchargé. Depuis en registrant les Lettres de sortie de Garde, elle a quelquefois ajoûté, à la charge de payer les arrerages de la rente deuë au Domaine du Roy, mais lors qu'elle ne l'a point ajoûté, lesdits arrerages n'ont pas pour cela été remis, & ils doivent être payez jusqu'au jour de l'enregistrement des Lettres de sortie de Garde; surquoy il faut encor remarquer, que lors que le Roy n'a point fait don des fruits d'une Garde-Noble, & que le mineur étant devenu majeur a obtenu des Lettres de sortie de Garde, il n'est pas déchargé des fruits du passé, écheus à Sa Majesté, dont le Receveur du Domaine peut demander raison, si lesdites Lettres de sortie de Garde n'en portent expressement le don ; car depuis que la Garde est écheuë au Roy (les jouyssances luy appartenant, s'il ne les a remis) le Receveur du Domaine n'est déchargé qu'en ce cas.

ARTICLE XXXII.

Si un mineur tombé en Garde, & dont le Roy n'auroit disposé de la Garde, est censé hors de Garde, lors qu'ayant atteint l'âge de majorité, il a esté reçû à faire la foy & hommage au Roy, de ses Fiefs, qu'il en a donné son adveu, & qu'il a obtenu à la Chambre des Comptes Arrest de derniere main-levée.

IL est constant que Messieurs des Comptes ne doivent recevoir à faire au Roy la foy & hommage des Fiefs, & a en rendre adveux, que ceux qui sont capables d'en rendre leurs debvoirs : mais cet erreur, quand il arrive, & que Messieurs des Comptes y sont surpris, ne doit préjudicier le Roy, & sur ce pretexre, le Receveur du Domaine ne feroit point déchargé ; car ces Actes de majorité faits par gens qui n'ont qualité, non seulement ne suppléent pas aux Lettres du Roy, necessaires pour sortir de Garde ; mais ou ils deviennent nuls de droit, d'abord que l'on a connoissance de la surprise, ou ils ne peuvent du moins être rectifiées que par des Lettres de sortie de Garde, qui donnent à ces Actes la force qu'ils doivent avoir. Il a été ainsi jugé à la Chambre des Comptes, au sujet d'Alexandre Berthout Escuyer, Sieur de Quenonville, tombé en la Garde du Roy, par la mort de son pere, à cause du Fief de Quenonville, le Roy avoit accordé à sa mere des Lettres de don, elles n'avoient point été enregistrées, parconsequent aux termes de l'Article 32. des Articles Placitez, elles étoient nulles, ledit Berthout avoit été reçû à faire au Roy la foy & hommage dudit Fief de Quenonville, il en avoit presenté son adveu, il avoit été dispensé de faire informer du contenu en iceluy, parceque sur pareil adveu, qui avoit été presenté par son pere. Il avoit été informé (comme il est ordinaire d'être fait pour la verification des adveux) ledit Sieur Berthout representoit à la Chambre les lectures qui luy avoit été enjoint de faire faire, pour parvenir à la main-levée de son Fief, dont il poursuivoit l'Arrêt. On remarqua qu'il étoit tombé en Garde, dont il n'avoit été relevé, la Chambre apres avoir déliberé sur cette affaire, reconnût qu'elle n'avoit pû ny deub préjudicier le Roy par ces Actes, & ordonna par son Arrêt du premier Septembre 1682. qu'il ne pouvoit obtenir son Arrêt de derniere main-levée dudit Fief, qu'il n'ût fait apparoir des Lettres de sortie de Garde, lesquelles Lettres il obtint depuis, & les fit enregistrer le dixiéme Septembre 1686. pour satisfaire à l'article de la Coûtume, qui impose cette necessité ; il en auroit été de même s'il avoit obtenu l'Arrêt de main-levée, & qu'ensuite on se fût apperçû qu'il n'ût obtenu Lettres de sortie de Garde. Ainsi il faut demeurer d'accord que ny l'hommage prété ny l'adveu rendu, même verifié, & la main-levée que pourroit donner la Chambre des Comptes, ne font pas cesser l'effet de la Garde-Noble ; qu'au contraire, tels Actes sont toûjours subreptices, & ne peuvent préjudicier le Roy.

Article XXXIII.

Exemples, qui prouvent que toutes les fois qu'il a esté accordé des Lettres du grand Sçeau, au préjudice de la Coûtume, au droit de la Garde-Noble, elles n'ont pû préjudicier le Roy.

DAme Catherine d'Ernaut de Vignory, vefve de Maître Pierre Asselin, Avocat General en la Chambre des Comptes, avoit été apres le deceds de son mary nommée Tutrice de ses enfans, tombez en la Garde du Roy, à cause du Fief de Beaulieu, petit Fief, ne consistans qu'en quelques chapons de rente Seigneurialle; apres plusieurs poursuittes generalles de la part de Monsieur le Procureur General, pour les debvoirs deubs à cauſe dudit Fief, elle ſe pourveut à la Chambre pour y demander temps de ſatisfaire auſdits debvoirs, & pour juſtifier que Alphonſe Aſſelin ſon fils, qu'elle diſoit être dans le Service du Roy y étoit actuellement, elle raportoit un certificat du Gouverneur de Tournay qui atteſtoit qu'il étoit dans la Compagnie des Cadets, que Sa Majeſté y faiſoit inſtruire, & n'en pouvoit ſi-tôt ſortir, ce certificat ayant fait preſumer de ſon âge, fit connoître qu'il étoit tombé en Garde-Noble, dont il n'étoit relevé, la Chambre rejetta ſa Requête, mais ladite Dame Aſſelin s'étant pourveuë au Conſeil, le Roy avoit accordé audit Aſſelin ſouffrance de faire la foy & hommage du Fief de Beaulieu, juſqu'à ce qu'il eût atteint ſes ans de majorité, avec reſtitution des amendes, que les Huissiers de la Chambre avoient fait sortir sur les Fermiers de la succession du feu Sieur Asselin, les Lettres en ayans été presentées à la Chambre, sur ce qu'elles étoient contraires à la disposition de la Coûtume, & dérogeoient au droit de Garde-Noble, il fût arrété qu'on en informeroit feu Monseigneur le Tellier, lors Chancelier, ce que fit Monsieur le Procureur General, & mondit Seigneur le Chancelier, instruit de cette surprise, manda à Monsieur le Procureur General, que le Roy n'entendoit toucher aux Us & Coûtumes, & qu'on l'avoit surpris, adjoûtant que mondit Sieur le Procureur General se saisit desdites Lettres pour les luy envoyer, & qu'elles seroient cancelées comme subreptices, ce qui fut fait, dont Monseigneur le le Chancelier écrivit à mondit Sieur le Procureur General pour le luy faire sçavoir. Depuis, ladite Dame Asselin n'ayans pas été reçûë à abandonner ledit Fief de Beaulieu, parceque la Garde-Noble n'attire pas seulement le Fief relevant du Roy, mais tous les biens de la succession, obtint en 1685. Lettres de sa Majesté de don de Garde-Noble, son Fils aîné ayant viron vingt ans, & depuis son fils a obtenu Lettres de sortie de garde le troisiéme Août 1687. registrées......

Jacques Ribaut, Seigneur du Mesnil, étant decedé en 1684. Magdelaine le Boucher sa vefve, & Tutrice de ses enfans, au lieu de demander à Sa Majesté des Lettres de don de la Garde-Noble de ses enfans, avoit surpris le dixiéme Juin 1685. de pareilles Lettres de souffrance de faire la foy & hommage, jusqu'à ce que ses enfans eussent atteint l'âge de majorité & fussent en état de faire la foy & hommage, mais craignant que la Chambre des Comptes ne voulût avoir égard ausdites Lettres, elles ne les avoit point presentées, & les avoit seulement fait signifier à Monsieur le Procureur General, avec protestation de nullité de ce qu'il pourroit faire au préjudice desdites Lettres; & comme Jacques Berthout & Damoiselle Marie le Boucher sa Femme, pretendoient avoir obtenu au Parlement de Paris condamnation de trente-un mil deux cens cinquante livres contre le feu Sieur Ribault, & sa vefve, ils avoient fait saisir les Revenus dudit Fief du Mesnil & autres, & y ayant trouvé de l'empêchement à cause de la ſaiſie faite de la part de mondit Sieur le Procureur General, le vingt-uniéme de Decembre 1684. ils avoient fait donner aſſignation au Parlement de Paris, à mondit Sieur le Procureur General, ce qui l'obligea d'en donner avis à Sa Majeſté, & donner à cet effet ſon requiſitoire au Conſeil, où par Arrêt du 20 Août 1685. le Roy ordonna que les Lettres de ſouffrance pour faire la foy & hommage, expediées le dixiéme Juin 1685, en faveur de ladite vefve Ribaut & ſes enfans, ſeroient rapportées pour être ſupprimées comme nulles, & non advenuës, leur faiſant Sa Majeſté deffences de s'en ſervir, & à ſa Chambre des Comptes de Roüen d'y avoir égard, ſon Procureur General en ladite Chambre déchargé de l'aſſignation, à luy donnée au Parlement de Paris, deffendant à ladite vefve Ribault, audit Bertout & tous autres de proceder pour raiſon de la ſaiſie feodalle, ailleurs qu'en ladite Chambre des Comptes de Roüen, à peine de nullité, caſſation de procedures, de tous dépens, dommages & intherêts ; Surquoy il eſt bon de remarquer que la ſaiſie Feodalle a ce privilege, qu'elle ſubſiſte nonobſtant la ſaiſie réelle des creanciers, ſur quelques privileges que leurs dettes ſoient fondées & luy eſt preferée ; la raiſon eſt, que la ſaiſie Feodalle eſt fondée ſur le droit plus ancien & primitif de la Seigneurie directe & celle des creanciers, n'ayans pour fondement qu'une ſimple hypoteque, elle ne peut empêcher que le Seigneur n'uſe de ſes droits & qu'il ne ſaiſiſſe le Fief qu'il trouve ouvert, & ne dépoſe le Commiſſaire aux Saisies-Réelles, établi par les Creanciers, pour jouyr du Fief jusqu'à ce qu'il ait été satisfait de ses droits, sans qu'il soit obligé d'attendre l'adjudication par decret du Fief mis en criées ; ensorte que cette maxime de pratique generallement reçûë ; sçavoir, que saisie sur saisie ne vaut, mais la derniere doit être convertie en opposition, n'a lieu à l'égard de la saisie Feodalle, laquelle comme fondée sur un privilege special subsiste nonobstant celle des creanciers. Arrêt de ce donné en l'Audience de la Chambre du Parlement de Paris, le neuviéme Août 1582, rapporté par Charondas en ses Responses livre 3. chapitre 1. par lequel a été jugé que la Saisie Feodalle du Fief d'Ormoy faite à la requête du Seigneur, tient nonobstant la saisie réelle des creanciers, faite auparavant : Ce faisant, que les Commissaires établis à la requête des creanciers sont déchargez *ipso jure*. Autre Arrêt donné en l'Audience de ladite Grande Chambre le vint-uniéme Juillet 1639, par lequel fût jugé que la saisie Feodallé de la Terre & Seigneurie de Chalou, relevant du Fief de Jaigny, faute d'homme, droits & debvoirs non faits & non payez, tiendroit nonobstant la saisie réelle, établissement de Commissaire, criées & bail Judiciaire, fait long-temps auparavant. Ce faisant, que le Commissaire étably à la Saisie réelle rendroit compte au Seigneur de Jaigny des fruits écheus depuis la saisie Feodalle, suivant l'estimation qui en seroit faite, à la charge que ce qui seroit payé par le Fermier judiciaire luy seroit imputé

& déduit ſur le prix de ſon bail, par où l'on voit le privilege de la ſaiſie Feodalle, & le droit qu'à le Seigneur, au préjudice des creanciers.

ARTICLE XXXIV.

De la Garde-Noble Royalle des Filles en Normandie.

LA Fille mineure tombe également ſans nulle autre formalité en la Garde du Roy, par la mort de ſon pere, mere ou autre predeceſſeur, ayans Fiefs Noble relevant de Sa Majeſté, & ne peut être relevée que par des Lettres du Roy de main-levée & ſortie de Garde, qu'elle eſt en état d'obtenir à vingt-un an ou plûtôt, ſi elle eſt mariée ; car l'âge de majorité, ou le mariage qui ſupplée à l'âge, ne ſont que des dispositions à pouvoir obtenir lesdites Lettres. Il est vray que l'article 227. de la Coûtume, dit que la Garde-Noble d'une Fille finit apres l'âge de vingt ans accomplis, ou plûtôt si elle est mariée, par le conseil & licence de son Seigneur Gardain, que l'article 229. le repete encore : mais ces deux articles n'entendent parler que de la Garde-Noble Seigneurialle, qui finit à vingt ans accomplis, pour les mâles & les Filles (apres avoir neanmoins signifié le passé âgé) car la Garde-Noble Royalle ne finit pour les uns & les autres qu'à vingt-un an accomplis, ou plûtôt à l'égard des Filles, si plûtôt elles sont mariées, mais ne finit pour l'un & l'autre qu'apres avoir obtenu Lettres de sortie de Garde. Ainsi ledit article 227. se refere pour l'âge de vingt-un an, à ce qui est porté en l'article 223, & pour les Lettres de sortie de Garde, à ce qui est porté en l'article 224, comme il a été cy-devant observé au regard des mâles, & comme l'a fort bien expliqué Godefroy, qui a commenté la Coûtume de Normandie. Quand il dit, en expliquant l'article 231, sur ces mots (*il suffira demander congé à son Seneschal.*) Si le Senéchal est refusant de consentir à l'avis des autres parens, on doit tenir le même chemin tracé par nôtre Coûtume contre le Seigneur, & l'ajourner pour dire les causes de son refus, afin de se faire authoriser par Justice, mais si la Garde est Royalle, suffit du consentement du Procureur du Roy, à la charge d'obtenir main-levée de ladite Garde, comme il est cy-devant dit. J'excepte, *dit ce*

Commentateur, s'il étoit question de Fiefs & Dignitez Royalles, comme Duchez, Marquisats & Comtez, relevans immediatement de sa Majesté ; car en ce cas il est raisonnable d'obtenir du Roy la permission pour l'interêt qu'à Sa Majesté, que lesdits Fiefs qui sont comme les colomnes de l'Estat, ne tombent és mains de personnes indignes. Ce Commentateur est d'avis, que la Fille mineure étant en la Garde du Roy, ne doit être mariée sans le consentement du Procureur du Roy, si ce n'est lors qu'elle possede un Fief de dignité, auquel cas elle a besoin du consentement exprés du Roy, & cela est d'autant plus juste, qu'il est conforme à l'esprit de la Coûtume.

Article XXXV.

L'Aage de vingt-un an aux Filles, non plus que le mariage, ne ſont donc que des diſpoſitions qui les rendent habilles à obtenir les Lettres de ſortie de Garde, mais ſi la Fille épouſoit un homme mineur, & qui n'eût atteint l'âge de vingt-un an accomplis, non ſeulement elle ne ſortiroit pas de Garde par ſon mariage, mais elle ne ſeroit pas habille à obtenir des Lettres du Roy, que ſon mary n'ût atteint l'âge de vingt-un an, luy étant inutille d'avoir atteint ſes ans de majorité, & d'être mariée, ſi ſon mary n'avoit vingt-un an accomplis, *quia ſequitur conditionem viri*, c'eſt la diſpoſition de l'article 230. de la Coûtume, ſur lequel Godefroy dit, qu'il eſt bien extraordinaire que la Fille majeure d'ans retombe en Garde, épousant un mineur, quoy qu'elle ne perde rien de sa premiere discretion, mais qu'il faut deferer à l'authorité de la Coûtume, à laquelle il ne faut ny ajoûter ny diminuer. D'où il faut inferer, qu'encor que la fille âgée de vint-un an accomplis, eût obtenu Lettres de sortie de Garde bien registrées, si elle s'étoit mariée à un mineur, son Fief retombant en Garde, comme il est cy-devant dit, & comme le porte l'article 231, le mary apres avoir atteint l'âge de vingt-un an accomplis pour sortir de garde, sera tenu de prendre des Lettres du Roy de main-levée, & jusqu'à ce qu'il en ait obtenu, le Roy sera en droit de nommer & pourvoir aux benefices dépendans dudit Fief, vacation arrivant, même me jouyr des fruits, s'il le vouloit, & s'il n'en avoit fait don, & en ce cas la queſtion ſeroit de ſçavoir à qui le Roy feroit don des fruits, car ce ne ſera point au mary, qui ne peut, étant mineur être gardain de ſoy, ny à la femme, *quia ſequitur conditionem viri*, ce ſera donc au tuteur du mary, qui quoyque marié, peut-être en tutelle, ou a quelqu'un des plus proches parens; mais en tel cas, le mary, quoy que mineur, pourroit obtenir du Roy des Lettres de benefice d'âge qui luy donneroient permiſſion de jouyr dudit Fief, Sa Majeſté le voulant bien décharger de la Garde, en laquelle il étoit tombé; telles Lettres de benefices d'âge, au cas de la Garde-Noble, n'étant pas ſans exemple en la Chambre des Comptes de Normandie.

Article XXXVI.

PAr l'article de ladite Coûtume 232. Femme mariée ne retombe en Garde, encor que son mary meure avant qu'elle ait atteint l'âge de vingt-ans, parceque toutefois qu'elle ne peut contracter de son immeuble sans decret de Justice, & consentement de ses parens. La Coûtume donne cet avantage à la vefve de ne retomber en Garde, mais cet article supose qu'elle demeure en vuiduité, auquel cas elle ne retombe plus en Garde : aucontraire, si elle se remarie à un mineur, en suivant la condition de ce mineur, son Fief retombe en Garde, & faut en ce cas recourir à la disposition de l'article 230, c'est le sentiment de Berault, Godefroy & Daviron, qui tous trois ont commenté la Coûtume de Normandie, autrement disent les deux premiers, les articles 230 & 232. seroient contraires.

ARTICLE XXXVII.

JE finis cette explication de la Garde-Noble Royalle des enfans mâles, & la Garde-Noble des Filles par cette remarque. Le frere aîné sortant hors de Garde en tire ses freres, & non pas la fille aînée ses sœurs. La raison est, qu'entre freres les Fiefs ne souffrent division, l'aîné pouvant prendre tel Fief qu'il luy plaît, & s'il n'y en a qu'un le prendre, pourquoy avant cette option & partage fait avec les freres, il tire ses freres hors de Garde, ayant droit insolide d'option sur tous les Fiefs, mais entre filles partage a lieu, y ayant les puisnées égale partie que l'aînée, & le partage fait elles tiennent de pair à pair, l'aînée ne peut avoir la Garde de ses sœurs, qui est toûjours au chef Seigneur, & c'est la cause pourquoy elles demeurent en Garde, & ne peut avoir l'aînée sortie de Garde, que main-levée de la part qui tombe en son lot, & les autres de même à mesure qu'elles deviendront âgées, & qu'elles obtiendront des Lettres de sortie de Garde, sans quoy elles ne sont hors de Garde, quoyque majeures, quoyque mariées, & la Chambre des Comptes de Normandie a une quantité d'exemples de Filles tombées en Garde, & depuis mariées, dont les maris ont obtenu des Lettres de sortie de Garde & d'enfans, qui long temps apres le decéds de leurs meres ont obtenu des Lettres de ſortie de la Garde, en laquelle étoient tombées leurs meres, qui devant & depuis leur mariage avoient negligé d'obtenir leſdites Lettres de ſortie.

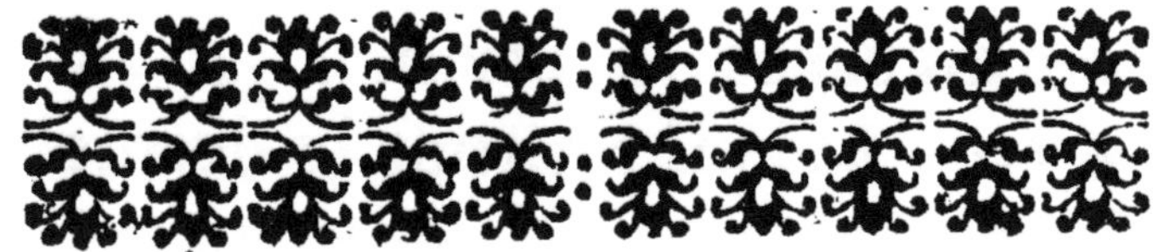

ARREST DE LA CHAMBRE DES COMPTES DE NORMANDIE,

Portans Reglement pour les Gardes-Nobles, rendu les Semestres assemblées, sur la Requeste de Maistre Claude Viallet, Fermier General des Domaines, le vingt-sixiéme Janvier 1672.

SUR la Requête presentée à la Chambre par Maître Claude Viallet, Fermier General des Domaines de France, & autres droits y joints, suivant le bail à luy fait au Conseil du Roy, le vingt-sixiéme

Octobre 1669, pour ſix années, commencées le premier Janvier 1670, & qui finiront le dernier Decembre 1675 : contenant que quoyque par la Coûtume generalle de la Province, les enfans mineurs d'ans, apres la mort de leur pere, mere ou autre predeceſſeur, ayans Fiefs-Nobles, tenus immediatement de Sa Majeſté, deſquels ils ſont heritiers, tombent en la Garde-Noble Royalle de Sa Majeſté, qui a par privilege ſpecial non ſeulement les fruits deſdits Fiefs-Nobles relevans nuëment de luy, pour leſquels leſdits mineurs tombent en ſa Garde, mais auſſi à la Garde, & fait les fruits ſiens de tous les autres Fiefs-Nobles, rotures, rentes & revenus tenus d'autres Seigneurs aux charges ordinaires. Neanmoins le Suppliant a eu avis que les plus proches parens de plusieurs mineurs se sont mis en possession desdits Fiefs, heritages, & autres biens immeubles ainsi écheus ausdits mineurs, sous pretexte d'être éleus leurs tuteurs, & jouyssent au préjudice de Sa Majesté, sans en avoir obtenu Lettres de don : & plusieurs autres qui ayans obtenu Lettres de don desdites Gardes-Nobles, negligent de les faire verifier à la Chambre, apres les solemnitez ordinaires portez par la Coûtume de ladite Province, sans quoy lesdites Lettres de don ne doivent être d'aucune consideration. Il a même eu avis que plusieurs mineurs tombez en Garde, ayant atteint leurs ans de majorité pour sortir de ladite Garde, ont été & se sont mis en possession de leurs biens & presentent aux Benefices qui sont à leur nomination, sans avoir obtenu Lettres de Sa Majesté, & être relevez de ladite Garde, ce qui seroit contraire aux Ordonnances & Reglemens, lesdits mineurs ne pouvans être censez sortir hors de Garde, quelque âge qu'ils ayent atteint, n'y avoir l'administration & disposition de leurs biens, ny nommer & presenter aux Benefices dont ils sont patrons, ny même être déchargez de la redevance que la Chambre ordonne aux donataires de faire au Domaine de Sa Majesté en reconnoissance dudit don sans lesdites Lettres de sortie de Garde registrées à la Chambre, & d'autant que le Suppliant a droit de jouyr par son bail de tous les droits Royaux & Seigneuriaux qui échéent & sont deubs à sadite Majesté, dont ledit droit de Garde-Noble est un des plus considerables. A ces causes requeroit ledit Viallet qu'il plût à ladite Chambre, conformement aux articles de ladite Coûtume, & aux Arrêts de ladite Chambre dés vingt-huict Avril 1650, & traisiéme Février 1664. ordonner que luy, ses Procureurs & Commis seront mis en jouyssance & possession par les Officiers ordinaires, même de ceux dont les particuliers n'ont fait verifier à la Chambre les Lettres de don de Sa Majesté qu'ils en ont obtenus, declarer les nominations & presentations faittes aux benefices, soit par lesdits mineurs, aprés avoir atteint leurs ans de majorité, sans avoir obtenu Lettres de sortie de Garde, ou par leurs tuteurs, s'étans mis en possession de leurs biens au préjudice de Sa Majesté nulles, saouf à sadite Majesté à y nommer & presenter, ainsi qu'elle advisera;

& que lesdits particuliers donataires desdites Gardes-Nobles seront contrains au payement de la redevance, dont la Chambre les a chargez envers Sa Majesté en sa Recepte du Domaine jusqu'à ce que lesdits mineurs, quoy qu'en majorité, ayent obtenu Lettres de sortie de leurs Gardes Nobles, & icelles fait expedier à la Chambre. Veu ladite Requête, Conclusions du Procureur General du Roy; & tout consideré. La Chambre, les Semestres assemblez, a permis & permet audit Viallet de se mettre en possession des biens desdits mineurs tombez en la Garde-Noble du Roy, dont sa Majesté n'auroit disposé aux charges ordinaires & de droit, saouf six mois pour celles qui sont écheuës jusqu'à present à representer par les donataires desdites Gardes.

Lettres

Lettres de Sa Majesté deuëment verifiées en ladite Chambre, & de pareil temps de six mois pour celles qui écheront à l'avenir, à compter du jour du deceds de ceux à cause desquels lesdits mineurs tombent en ladite Garde, ordonne que dans quatre mois tous donataires qui ont presenté cy-devant leurs Lettres en ladite Chambre, seront tenus de faire proceder à la verification d'icelle, en la forme ordinaire, communication préalablement faite audit Viallet pour y donner son avis, & fournir de memoire, ainsi que faisoient ou auroient pû faire les Receveurs & Contrôlleurs des Domaines, avant leur suppression, à peine de déchoir de l'effet de leurs Lettres, si autrement n'est ordonné par la Chambre en connoissance de cause, le tout à commencer du jour de la lecture & publication, qui sera faite du present Arrêt à l'Audience des Balliages & Vicontez de cette Province, instance dudit Procureur General, & à la diligence dudit Viallet. Et au regard des redevances, desquelles ladite Chambre a chargé les impetrans de pareilles Lettres, lors de la verification d'icelles, de payer annuellement au Roy en ses Receptes des Domaines, ordonné qu'en la presence dudit Viallet ou de son Procureur en ladite Chambre, état sera dressé par le Greffier desdites redevances, pour iceluy communiqué audit Procureur General, être décerné executoire par la Chambre, & délivré audit Viallet, pour en poursuivre le recouvrement sur les y dénommez, qui y seront contrains par la saisie des biens dépendans desdites Gardes, Sa Majesté demeurant reservée à la nomination des Benefices, auxquels il auroit été pourvû contre & au préjudice de ses droits, & auxquels elle seroit dans le temps de droit d'y presenter. Et sera sadite Majesté tres-humblement suppliée d'user sur le fait desdites Gardes, par sa bonté ordinaire, & ainsi qu'elle a fait par le passé. Fait le vingt-sixiéme jour de Janvier 1672.

AUTRE ARREST RENDU sur la remonſtrance de Monſieur le Procureur General, le vingtiéme Decembre 1673, pour l'exécution de celuy du vingt-ſixiéme Ianvier 1672.

SUR la remonſtrance du Procureur General du Roy, contenant que la Chambre de temps en temps ayant donné pluſieurs Arrêts pour obliger ceux qui ont obtenu Lettres de don de Garde-Noble, d'en preſenter les Lettres en la Chambre aux fins de la verification, même par le dernier du vingt-ſixiéme Janvier 1672. donné les Semeſtres aſſemblez, auroit permis à Maiſtre Claude Viallet de ſe mettre en possession des biens desdits mineurs tombez en la Garde-Noble du Roy, dont Sa Majesté n'auroit disposé, aux charges ordinaires & de droit, à commencer du jour de la lecture & publication qui seroit faite dudit Arrêt à l'Audience des Balliages & Vicontez de la Province, à l'instance dudit Procureur General & diligence dudit Viallet, lequel ayant negligé d'y satisfaire, requeroit être ordonné que le susdit Arrêt du 26 Janvier 1672, & le present, seront incessamment lûs & publiez à l'Audience de tous les Balliages & Vicontez de la Province à son instance, & diligence de ses Substituts, lesquels seront tenus d'en requerir les lectures & de luy en envoyer les Actes dans le mois, à peine de radiation de leurs gages & de répondre en leur propre & privé nom des interêts de Sa Majesté.

Veu ladite remonstrance, ledit Arrêt de la Chambre du 26 Janvier 1672, & tout consideré. La Chambre a ordonné & ordonne que ledit Arrêt du 26 Janvier 1672, & le present, seront incessamment lûs & publiez à l'Audience de tous les Balliages & Vicontez de cette Province à l'instance dudit Procureur General & diligence de ses Substituts, lesquels seront tenus d'en requerir les lectures, & de luy en envoyer les Actes dans le mois, à peyne de radiation de leurs gages & de répondre en leur propre & privé nom des interêts de Sa Majesté. Fait ce vingtiéme jour de Decembre 1673.

LETTRE DE DON de Garde-Noble.

LOUYS . · . · à Nos amez & Feaux Conſeillers les Gens tenans nôtre Chambre des Comptes à Roüen, Preſiden, Tréſoriers generaux de France, au Bureau des Finances de . · . · & à tous autres nos Officiers qu'il appartiendra; Salut. Voulans pourvoir à la Garde-Noble, gouvernement & adminiſtration des perſonnes & biens des enfans mineurs de deffunt . · . · & de . · . · leurs pere & mere, qui nous appartient par les droits & prerogatives de nôtre pays & Duché de Normandie, à cauſe du Fief de . · . relevant neuëment de Nous, en nôtre Viconté de . · . Nous avons estimé ne pouvoir faire choix d'une personne qui s'en puisse mieux acquitter que lad. . . leur mere, faisant profession de la Religion Catholique, Apostolique & Romaine, & dont l'affection naturelle qu'elle doit avoir pour le bien & avantage de ses enfans, la portera toûjours plus que tout autre à la conservation de leur interêt & bonne éducation. A ces causes Nous avons de nôtre grace speciale, plaine puissance & authorité Royalle, donné & octroyé, donnons & octroyons par ces Presentes, signées de nôtre main à ladite. . , tout & tel droit de Garde-Noble, qui par la Coûtume de Normandie nous appartient, desdits enfans mineurs dudit deffunt & d'elle, pour en joüyr, icelle regir & gouverner en la personne & biens desdits enfans, pendant leur minorité, & tant qu'elle demeurera en vuiduité, à la charge de les nourrir, entretenir & faire instruire dans les exercices convenables à leur naissance & condition, jusqu'à l'âge de majorité, poursuivre, soûtenir & deffendre leurs droits & actions, acquitter les debtes, charges & debvoirs, étans sur leurs biens, entretenir leurs terres, maisons, Domaines & heritages en bon & suffisant état, & generalement faire toutes les choses convenables, & ausquelles est obligé un bon gardain, & tout ainsi que Nous ferions si nous retenions en nos mains ladite Garde, ou que feroient pour nous nos Officiers; en rendre bon & fidel compte ausdits mineurs, lors de leur majorité, & en payer en outre le reliqua, nous reservans seulement les Patronnages d'Eglises,

& collation de Benefices, si aucuns y a, dépendans des Terres & Fiefs, & s'il en échet pendant le temps de la Garde, sans que pour ce ladite . . . soit tenuë de nous payer aucune finance, dont nous luy avons fait & faisons don par ces presentes; du contenu ausquelles vous mandons faire jouyr & user ladite . . . plainement & paisiblement, faisant cesser tous troubles & empêchemens contraires, & rapportant par celuy de nos Receveurs comptables qu'il appartiendra, copie des presentes deuëment collationnée, avec certification de ladite . . . . de la jouyssance de nôtre presente grace, Nous voulons qu'ils en soient tenus quittes & déchargez par tout où besoin sera, par vous dits Gens de nos Comptes, ausquels mandons ainsi le faire sans difficulté, car tel est nôtre plaisir.

Lettre de main-levée & sortie de Garde.

LOUYS . · . A nos amez & feaux Conſeillers les Gens tenans nôtre Chambre des Comptes à Roüen, Preſident, &c. Salut. Nôtre bien amé . · . fils de . · . Nous a fait remonſtrer, qu'étant demeuré mineur & en bas âge, par le deceds dudit . · . ſon pere, Nous aurions par nos Lettres-Patentes du ....
commis la Garde-Noble de ſa perſonne & biens à . · . ſa mere, dont elle auroit jouy paiſiblement juſqu'à preſent, que l'expoſant ayant atteint l'âge de majorité requis par la Coûtume, il deſireroit être admis en la jouyſſance & diſpoſition de ſeſdits biens, ce qu'il ne peut faire ſans nos Lettres ſur ce neceſſaires, Qu'il

Nous a tres-humblement fait suplier luy octroyer. A ces causes voulans favorablement traitter l'Exposant. Nous vous mandons & enjoignons par ces Presentes, que si vous appert que ledit exposant ait atteint l'âge de majorité, requis par la Coûtume, & soit capable de gerer & gouverner ses biens & revenus : En ce cas, ouy sur ce nôtre Procureur General, vous ayez à luy bailler & laisser l'entiere disposition de sesdits biens, pour en jouyr & user ainsi que nos autres Sujets, luy faisant main-levée de ladite Garde-Noble, & des saisies qui pourroient avoir été faites à la Requête de nôtre Procureur General en ladite Chambre, depuis la majorité de l'exposant, pour raison de nos droits, desquels droits non payez Nous avons audit exposant fait

&

& faiſons don & remiſe par ces Preſentes, déchargeans ladite. · . ſa mere de l'adminiſtration deſdits biens, à la charge d'en rendre compte, ſi fait n'a été; contraignant à ce faire, ſouffrir & obeyr tous ceux qu'il appartiendra, nonobſtant oppoſitions ou appellations quelconques, car tel eſt nôtre plaiſir.

Autres Lettres de main-levée & ſortie de Garde.

LOUYS . · . A nos amez & feaux Conſeillers les Gens tenans nôtre Chambre des Comptes à Roüen, Preſident, &c. Salut. Nôtre bien amé . · . Nous a fait remonſtrer, que par le deceds de . · . ſon pere, étant demeuré mineur & en bas âge, il ſeroit devenu heritier de . · . ſon Oncle, auquel apartenoit le Fief de. . . relevant de Nous, à cause de nôtre Viconté de . . . pour raison duquel Fief nous aurions commis la Garde-Noble de sa personne & biens à Damoiselle. . . sa Mere, par Lettres-Patentes du . . . registrées devant vous le . . . dont ladite de . . . a jouy paisiblement, jusqu'à ce que l'Exposant ait acquis l'âge de majorité, requis par la Coûtume, & depuis ledit âge ledit exposant s'est mis en possession de sesdits biens, sans avoir obtenu nos Lettres de main-levée de ladite Garde, même disposé par vente dudit Fief de . . ., ce qui auroit donné occasion à nôtre Procureur General d'inquieter les acquereurs dudit Fief dans leur jouyssance, par Exploit du . . ., cy-attaché sous le contre-séel des Presentes (comme ne pouvant valablement en jouyr) ny l'exposant de tous ses autres biens, sans avoir obtenu nos Lettres sur ce necessaires, qu'il Nous a tres-humblement fait supplier de luy accorder. A ces causes, voulant favorablement traiter l'exposant, Nous vous mandons & enjoignons par ces Presentes, signées de nôtre main, que s'il vous est aparu ou appert de ce que dessus, vous en ce cas sur ce ouy nôtre Procureur General, ayez à bailler & laisser à l'exposant, ses acquereurs & autres ayans droit, l'entiere disposition des biens dudit deffunt . . . pour en jouyr & user ainsi que nos autres Sujets, auquel effet Nous leur faisons main-levée de ladite Garde-Noble, comme si l'exposant avoit obtenu nosdites Lettres de main-levée, incontinent apres avoir acquis ses ans de majorité ; Et en consequence déchargeons les

Receveurs de nôtre Domaine de la Recepte qu'ils étoient tenus faire à nôtre profit dans chacun de leurs comptes, des fruits & revenus de ladite Garde qui nous apartenoient, depuis la majorité dudit exposant, aux termes de la Coûtume de nôtre Pays & Duché de Normandie, faute d'avoir obtenu nos Lettres de main-levée, desquels fruits & revenus écheus & non payez, avons fait & faisons don à l'exposant par ces Presentes, à quelques sommes qu'ils se puissent monter, déchargeons en outre ladite . . . sa mere de l'administration qu'elle a euë desdits biens, à la charge d'en rendre compte, aux termes desdites Lettres de don, si fait n'a été, contraignant à ce faire, souffrir & obeyr tous ceux qu'il appartiendra, nonobstant clameur de Haro, Chartre Normande, & Lettres à ce contraires, car tel est nôtre plaisir, &c.

Lettre de main-levée & sortie de Garde, lors qu'il n'y a point eu de Lettres de don.

LOUYS... à Nos amez & Feaux Conseillers les Gens tenans nôtre Chambre des Comptes à Roüen, President, Trésoriers generaux de France, au Bureau de nos Finances étably à.. & autres nos Officiers qu'il apartiendra; Salut. Nôtre chere & bien amée Damoiselle de...., épouse de.. Nous a fait remonstrer, qu'étant mineure lors du deceds de.. son pere, son tuteur auroit obmis de se pourvoir par devers Nous pour obtenir nos Lettres-Patentes de don de la Garde-Noble de sa personne & biens, qui Nous apartient par les droits & prerogatives de la Coûtume de nôtre Pays & Duché de Normandie, & d'autant que par la même Coûtume, elle ne peut avoir la jouyſſance & libre diſpoſition deſdits biens, qu'en obtenant nos Lettres-Patentes de ſortie de ladite Garde-Noble, & qu'elle pouroit être inquietée par le Receveur de nôtre Domaine pour la jouyſſance des fruits, dont il ſeroit obligé de faire recepte à nôtre profit dans ſes comptes, faute par le tuteur d'avoir obtenu nos Lettres de don en la maniere accoûtumée, ce qui ne doit être imputé à ladite Expoſante. A ces cauſes voulans favorablement la traitter. Nous vous mandons & ordonnons par ces Preſentes, ſignées de nôtre main, que ſi vous appert que ladite Expoſante ait atteint l'âge de majorité, requis par la Coûtume, ou qu'elle soit mariée, & capable de gerer & gouverner ses biens & revenus : En ce cas, ouy sur ce nôtre Procureur General, vous ayez à luy bailler pleine & entiere disposition desdits biens & revenus, pour en jouyr & user ainsi que nos autres Sujets, luy faisant main-levée de ladite Garde-Noble, & des saisies si aucunes ont été faites à la Requête de nôtre Procureur General, pour raison des droits à Nous deubs, desquels droits, ensemble des fruits de ladite Garde-Noble écheus & non payez, Nous avons à ladite exposante fait & faisons don par cesdites Presentes, à quelque prix & sommes qu'elles se puissent monter, & rapportans copie de ces Presentes deuëment collationnée, avec reconnoissance de ladite Exposante, de nôtre present don sur ce suffisante, Nous voulons que le Receveur de nôtre Domaine, ou autre qu'il apartiendra, en soient quittes & déchargez en leurs comptes, & par tout ailleurs, par vous dits Gens de nos Comptes, vous mandons ainsi le faire, sans difficulté, car tel est nôtre plaisir.

Telles Lettres peuvent être aussi expediées sous le nom du mary, pour & au nom de sa femme.

PRIVILEGE DU ROY.

PAR Lettres Patentes du Roy ; données à Verſailles le ſeptiéme Janvier 1691. Il eſt permis au Sieur DE JORT, Procureur en la Chambre des Comptes de Roüen, de faire Imprimer, par tel Imprimeur ou Libraire qu'il voudra choiſir, un Livre par luy Composé, intitulé *Explication de la Garde-Noble Royalle en Normandie, & ſes avantages*, le vendre & debiter en tels volumes, marges, caracteres, & autant de fois que bon luy ſemblera, pendant le temps de ſix années entieres, à commencer du jour qu'il ſera achevé d'Imprimer ; avec tres-expreſſes deffenſes à tous Imprimeurs, Libraires & autres perſonnes, de quelque qualité & condition qu'elles ſoient, d'Imprimer ou faire Imprimer ledit Livre, ſous quelque pretexte que ce ſoit, d'augmentation, correction, changement de tiltre, Impreſſion étrangere, en quelque ſorte & maniere que ce ſoit, ſans le conſentement dudit Sieur de Jort, ou de ſes ayans cauſe, à peine de confiſcation des exemplaires contrefaits, trois mil livres d'amende, & de tous dépens, domages & interêts; ainſi qu'il eſt plus amplement porté par ledit Privilege.

Les Exemplaires ont été fournis.

Achevé d'Imprimer le 12 Avril 1691.

www.ingramcontent.com/pod-product-compliance
Ingram Content Group UK Ltd.
Pitfield, Milton Keynes, MK11 3LW, UK
UKHW020257180726
13839UKWH00001B/331